JN298065

石隈・田村式援助シートによる

実践 チーム援助
特別支援教育編

田村節子・石隈利紀 著

図書文化

はじめに

　本書は，2003年に出版した『石隈・田村式援助シートによるチーム援助入門』の姉妹編にあたります。前作では，チーム援助がどのようなものかを知っていただくとともに，一人一人の子どもの援助ニーズの大きさに応じた援助のあり方について述べました。本作ではさらにテーマを絞り，「特別支援教育にチーム援助を活用していくにはどうしたらよいか」を解説します。ここでいう「特別支援教育」とは，障害のあるなしにかかわらず，学校生活で苦戦している子どもの援助ニーズに応える「支援教育」（神奈川県教育委員会，2006；上野，2010）ととらえています。

学校を変える子どもたち

　特別支援教育が平成19年にスタートし，「LD（学習障害）」「ADHD（注意欠陥多動性障害）」「高機能自閉症」など，通常学級における発達障害がある子どもの存在が注目されるようになりました。平成24年度の全国調査では，小・中学校の通常学級における発達障害のある子どもは，「6.5％」と報告されています（文部科学省，2012）。

　発達障害がある子どもたちは，どの学級にもいる，勉強の仕方が少し変わった子どもや，落ち着きのない子どもたちです。これらの子どもたちに対して，「もしかしたら，単に落ち着きがないのとは違うんじゃないの？」と，目を向けることが求められてきています。つまり，子どもの多様性を，学校教育のなかできちんと位置づけて援助しましょうというのが，いまの特別支援教育の方向です。

　発達障害に焦点を当てることは，学校教育にとって，とても意味があることです。なぜなら発達障害は診断や判断がむずかしく，学校現場では，「〇〇さんがLDかどうかはわからないけれど，読み書きにとても苦戦しているので，漢字の練習方法をちょっと工夫してみましょう」などと，診断にかかわらず，子どもの様子に合わせて援助を考えていくことになります。このように，「早めの援助」「広めの援助」が実現されていくことは，学校に通うすべての子どもにとってプラスになります。だから，私や私の仲間たちは，LD，ADHD，高機能自閉症のある子どもたちを，「学校を変える子どもたち」と呼んでいます。

1人の子どものための工夫が，みんなの援助につながる

　先生方が特別支援教育を進めるなかで，1人の子どものために工夫したことが，気がついたら多くの子どもにとってもプラスになっていたということが，たくさん起きています。

例えば，あるベテラン教師は，「クラスに読み書き障害があるAさんがいて，その子に合わせて自分なりに授業を工夫するうちに，最近は説明が早口にならなくなったし，板書もゆっくりになった。そうしたら，Aさんのほかに4～5人も落ち着いてきた」といいます。ほかにも，黒板を写すのが苦手な子どもに対して，板書の量を少なくしたり，大事なところに色をつけたりして工夫することで，クラス全体が落ち着いてきたという例なども，私たちはここ数年間たくさん見てきました。日常の学級のあり方や，ふだんの先生の教え方が，障害のある子どもや苦戦している子どものおかげで，ずいぶん変わってきているということが，少なくありません。

　思い起こせば，これは特別支援教育に限られたことではなく，個に対する援助を学級全体への指導に生かすということは，教育相談などでもずいぶんやってこられたことです。ほかにも，養護教諭や特別支援学級の先生がしている個別の援助を聞いて，それを担任の先生が自分の学級経営に生かすということも，多く行われてきたことだと思います。

チーム援助で「手厚い援助」を実現する

　このように，学校生活のあり方が少し変わるだけで，とても楽になる子どもたちが多くいます。とくに発達障害がある子どもにとって学校生活は大変なことの連続ですから，その子どものニーズに応じたプラスアルファの援助が欠かせません。

　このとき，学級担任が1人だけで，プラスアルファの援助を考えて実行しようとすると苦しくなります。教育相談や特別支援教育に詳しい先生，心身の健康を受けもつ養護教諭などが，担任と一緒になって，援助について考え，実践することが必要です。もし，さらに多くの人を巻き込むことができれば，よりよい援助を考えたり，それをずっと継続していくことが可能になります。

　また，日ごろから授業や学級経営について考えるときにも，同じ学年の先生方や，特別支援学級の先生などと一緒に話し合い，よりよい方法を伝え合うことができると，1人だけで考えるよりも多くの工夫が生まれます。その中で授業を手伝ってくれる先生が出てくれば，チームティーチングなどの方法も可能になります。さらに学級から目を移せば，子どもの学習の面倒を見ているのは，担任の先生だけではありません。補充学習の先生，習い事や塾で子どもにかかわってくれる人，家で勉強を見ている家族などもいます。それらの人々がつながることで，より子どもは学習しやすくなっていきます。

　このように，複数のメンバーが手をつなぎ，知恵を積み上げ，よりよい援助を行っていこうというのが「チーム援助」の考え方です。みんなのしていることが少しずつ重なり合うことで，重なった部分はより分厚くなり，ところどころに薄い部分はあっても，底が抜

ける心配は少なくなります。「子どもたちへの手厚い援助」，これこそがチーム援助でめざしているものなのです。

　発達障害が注目されたり，不登校や虐待への対応が見直されたりしているいま，援助ニーズの大きな子どもに対しての援助を，どうしたら学校全体のシステムや日常の学級の営みに意図的に結びつけていくことができるか，改めて考えていく必要があると思います。

援助者をつなぐ2つのキーワード
　チーム援助を進めていくうえで，私が大切にしたいと考えている2つのキーワードがあります。それは「胸騒ぎ」と「責任」の共有です。

　胸騒ぎというのは，「Aさん，ちょっとしんどそうだな」「ひょっとしたらいじめられているかもしれない」とか，「勉強が苦手そうだな」という気づきのことです。ただ，誰かがせっかく胸騒ぎを覚えても，多忙な学校現場で，そのたびに何か行動を起こすというのは，とてもむずかしいことです。また，自分は担任ではないからなどと，言い出すことをためらううちに，胸騒ぎは自分1人のなかで消えていってしまいます。そこで，その「気がかり」や「気づき」を，学年会や職員室で言葉にして言い合うことで，多くの人と共有するようにしてほしいのです。「もしかしたらしんどいのかな？」と思って見守る目が増えていくことが，子どもにとって大切なことだと思います。

　もう1つは，責任の共有です。「私は3年生の担任だけど，2年生のBさんのことも人ごとではない」という感覚を，一人一人がもつことです。私たちは，その子の担任であろうがなかろうが，相手が自分の子どもだろうがお隣の家の子どもだろうが，子どもを育てていく責任があります。まして自分の学校の子どもに対しては，担任であるかどうかを別として，誰にでも責任があります。だから，例えばBさんが苦戦しているときには，Bさんの担任や保護者だけが必死にがんばるのではなく，危機介入チームができて，そのチームの結果が職員会議で毎回報告されて，Bさんの担任がフラフラになっているのを周りが支えて，というドタバタを経ながら，みんなで一生懸命にやっていくのが自然な姿だと思います。これが，私のいう責任の共有です。

　以上を別の言葉でいえば，胸騒ぎの共有は「対等なパートナーシップ」，責任の共有は「子どもの援助に関する当事者意識」ということになります（家近・石隈，2008）。私たちがチームになることを最後に支えるものは，1人の教師として，1人の大人として，子どもの援助を担っているという責任感だと思います。

石隈利紀

もくじ

はじめに　　3

第1章　特別支援教育のコーディネーションに生かすチーム援助

◉第1節　特別支援教育とは何か　　10
　1．特別支援教育とは　　10
　2．特別支援教育と学校心理学　　12

◉第2節　特別支援教育に生かすチーム援助　　16
　1．チーム援助とは　　16
　2．コーディネーターとは　　19

第2章　特別支援教育におけるチーム援助の進め方

◉第1節　チーム援助のためのシート　　24
　1．シートの種類と用途　　24
　2．援助チームシート（5領域版）　　26
　3．援助資源チェックシート　　28
　4．プロフィールシート　　30
　5．個別の指導計画シート　　32

◉第2節　援助チームの作戦会議　　34
　1．作戦会議とは　　34
　2．作戦会議の流れ　　35
　3．作戦会議での話し合いのポイント　　38
　4．作戦会議の頻度　　42
　5．作戦会議の留意点　　43

◉第3節　援助チームの長期的な引き継ぎ——タテの援助チーム——　　46
　1．学年間の引き継ぎ　　47
　2．校種間の引き継ぎ　　49

援助チームシートの記入例　　51

第3章 チーム援助をスムーズに進めるために
- 第1節 援助の必要な子どもの存在に気づこう　　62
- 第2節 校内の共通理解をつくろう　　66

第4章 保護者とパートナーになるために
- 第1節 援助チームの一員としての保護者　　74
- 第2節 援助の対象としての保護者　　76
  - 1．子どもの問題状況を共有するために　　76
  - 2．援助を受け入れてもらうために　　77
  - 3．信頼関係を築きながら援助を進めるために　　79
- 第3節 保護者とパートナーになるために　　82
  - 1．パートナーシップがとりにくい2つのケース　　82
  - 2．保護者が援助チームの一員になるまで　　86

第5章 特別支援教育におけるチーム援助の事例
- 事例1 行動面の問題状況があるシンへのチーム援助――小学校1年生　　92
- 事例2 集団生活への適応に苦戦しているマナブへのチーム援助――小学校1年生　　101
- 事例3 行動面で苦戦しているアミへのチーム援助――小学校4年生　　111
- 事例4 学校に行きづらくなったサヤカへのチーム援助――小学校6年生　　120
- 事例5 学習面や集団生活に苦戦しているケイタへのチーム援助――中学校1年生　　128
- 事例6 学習に苦戦しているミドリへのチーム援助――中学校1年生　　136
- 事例7 高校生活への適応に苦戦しているユキへのチーム援助――高校1年生　　144
- 事例8 居眠りや忘れ物が多いハヤトへのチーム援助――高校2年生　　152

いまさら聞けないこんな質問　Q&A　　160
ついやっていませんか？　会議でのNGリスト　　169
その言葉，伝わってますか？　　170
おわりに　　171

Column
1　コーディネーターの落とし穴　　44
2　チーム援助がうまく回転しないときの脱出法　　70
3　チーム援助で思春期を乗り越える　　88

第1章

特別支援教育のコーディネーションに生かすチーム援助

コーディネーションとは,「つなぐ」とか「組み合わせる」という意味です。第1章では,特別支援教育を進めていくうえで,チーム援助の考え方がどのように役立つかについて説明します。

1章 1節 特別支援教育とは何か

1. 特別支援教育とは

　「特別支援教育」は，学校教育法の一部改正により，2007年にスタートしました。
　それまでの「特殊教育」は，視覚障害・聴覚障害・知的障害・肢体不自由・病弱およびその他の障害に対象が限定されており，子どもの障害の種類や程度に応じて，盲・聾・養護学校や特殊学級といった特別な場で，きめ細やかな指導を行うことに重点がおかれてきました。それに対して「特別支援教育」では，障害の有無やその種別によらず，子ども一人一人のもつ教育的ニーズを把握し，すべての教育現場で適切な指導および必要な援助を行うことを理念としています。つまり，日本の教育は「インクルージョン」に向けて大きく舵を切ったわけです。
　また「特別支援教育」のスタートとともに，発達障害がある子どもたちの存在がクローズアップされました。LD（学習障害），ADHD（注意欠陥多動性障害），高機能自閉症などがある子どもの多くは通常学級に在籍しており，特別な教育的援助ニーズをもってはいるものの，本人や周りがそれに気づくことが少なく，これまでは制度的にも援助を受けることができませんでした。このような子どもたちに対しても，通常の学級において特別の教育課程を組むことが認められ，通級指導の対象とすることもできるようになりました。
　さらに，校内での特別支援教育の推進役として，また保護者との相談や専門機関との連携の窓口として，各学校で特別支援教育コーディネーターを指名することが義務づけられました。特別支援学校（それまでの盲・聾・養護学校から名称変更）には，地域の中でのセンター的な役割も求められています。

■ 大切なのは，子どもの不便さに気づくこと

　通常学級を受けもつ先生方のなかには，発達障害がある子どもを受けもったことがないとか，専門的な知識を学んでこなかったということで，特別支援教育に対して戸惑いを感じている方もいるかと思います。しかし，特別支援教育がスタートしたからといって，学級の子どもたちへの対応が急に変わるというわけではありません。

例えば，文部科学省（1999）の定義では，「学習障害とは，基本的には全般的な知的発達に遅れはないが，聞く，話す，読む，書く，計算する又は推論する能力のうち特定のものの習得と使用に著しい困難を示す様々な状態を指すものである。学習障害は，その原因として，中枢神経系に何らかの機能障害があると推定されるが，視覚障害，聴覚障害，知的障害，情緒障害などの障害や，環境的な要因が直接の原因となるものではない」とされています。しかし，小児科医の宮本信也先生は，「障害」のあることが，そのまま問題になるのではないと言っています（宮本，2009）。視力が悪くても，メガネやコンタクトをすれば普通に日常生活が送れるように，適切なサポートの下に普通に生活することができるなら，その人に障害があることは何の問題にもならないからです。いっぽう，障害があることによって生活に困難が生じているなら，それは解決すべき問題だということになります。

　障害の特性は，その人から完全に消え去るものではないし，消える必要もありません。子どもは変わらなくていいし，変わってもいいのです。ただ，現実の生活の中では，障害があることによって，いろいろな不便さが生じてきます。それを理解し，援助することが学校や教師の役割です。医師の診断があるとか，どんな名前の障害であるかという情報は，子どもが学校生活のどんなことに困っているかを発見し，それを解決する手助けにすぎないのです。

■ 援助の2つの側面――「個に応じた援助」と「環境調整」――

　では，子どもたちの学校生活での不便さを減らすために，私たちには何ができるでしょうか。具体的な援助を考えていくときには，大きく分けて2つの側面があります。

　1つは，子どもたちの発達がよりよい方向へ向かうように，個に応じて援助することです。一人一人の子どもが学力を身につけていけるように，学校や家での生活がスムーズに運ぶように，社会に出るための基礎的な力を育てていきます。

　もう1つは，いま子どもが不便で困っていることが小さくなるように，環境を調整することです。例えば，車で送り迎えをするほどではないけれど，自分の足で目的地まで歩き通すにはつらいという子どもがいた場合に，くつを調整したり，荷物を軽くしてあげたりする，という具合です。そうすると，子どもは自分の足で歩きながら，徐々に力をつけていきます。もちろん，環境調整ができることには限度がありますし，完全に不便さをなくして，どの子どもも同じように生活できるようにするというのは不可能です。大切なのは，ほんとうにしんどい思いをしている子どもに対して，それを何とかする方法はないかと考えることが援助のスタートになるということです。

■ 援助ニーズはずっと続いていく

　ふだん私たちが行っている子どもたちへの援助に加えて，特別支援教育を進めるうえで，大切なポイントがもう1つあります。それは「援助の継続」ということです。

　発達障害などがあり学校生活で苦戦しやすい子どもには，適切なサポートが必要です。それがなければ，彼らの学校生活はとても不便なものになってしまいます。しかし私たちは，子どもの「問題行動が大きく見えて」いるときは援助ニーズも大きいと判断し，問題行動が小さくなれば援助ニーズも小さいと判断して対応しがちです。例えば，次のケースを考えてみてください。

　アスペルガー障害があるAさんは，小学校5年生のとき，国語の授業中に急に指名されて，うまく答えられずに学校を1週間休んでしまいました。そこで担任の先生は，「国語のときは，Aさんには急に当てないようにする」「当てるときは，Aさんの近くまで行ってノートをチェックし，これならわかっているな，自信があるなというときに当てる」などの工夫をすることにしました。

　その後，Aさんは学校を休むこともなくなったので，5年生の担任は，「5年生のはじめに1週間休みましたが，いまは元気です。もう大丈夫でしょう」と，6年生の担任へ申し送りをしました。5年生のときの担任の先生にとっては，Aさんへのかかわり方はもう自然のことになっていたうえ，Aさんも普通に学校生活を送ることができていたからです。こうして6年生になると，Aさんに対する国語の時間の配慮は消えてしまい，しばらくするとAさんは学校を休むことが多くなりました。

　アスペルガー障害があるAさんにとって，思いがけない急な場面への対応はとても苦手なことで，それが6年生になったからといって，急に大丈夫になるということはありません。5年生のときは，Aさんへの配慮や援助が日常に自然に溶け込んでいたために，Aさんの学校生活での苦戦はとても小さくなっていたわけです。

　障害がある子どもたちの場合，問題行動が起こっていても，いなくても，子どもの力とニーズに応じた援助を変わらず提供し続けていくことは，とても重要なことです。

2．特別支援教育と学校心理学

　学校では，学習指導や生徒指導，進路指導，教育相談，健康相談など，さまざまな教育活動が行われます。このような教育活動全体の中で特別支援教育の位置づけを考えるときには，「学校心理学」の視点が大変参考になります。

学校心理学から見た特別支援教育

　学校心理学とは,「学校で苦戦している子ども」を援助する枠組みで,学校教育相談,特別支援教育,学校保健などを重ねて,共通点を整理したものです(石隈,1999)。

　学校心理学では,どのような子どもも学校生活のどこかで苦戦をする可能性があると考えます。長い学校生活の中,調子がいいときもあれば不調のときもあるのは当たり前だからです。したがって,援助の対象は,学校にいるすべての子どもとなります。

　ただし,一人ひとりが必要としている援助の大きさや内容は,同じではありません。そこで学校心理学では,子どもたちがもっている援助ニーズのレベルを3段階でとらえ,ニーズに応じてどのような援助サービスが必要かを考えていきます。1次的援助サービスは,すべての子どもに対して学校で日常的に行われる援助です。2次的援助サービスは,苦戦が始まった子どもや,苦戦しやすい子どもに対する援助です。3次的援助サービスは,障害がある子どもや,大変な苦戦をしている子どもに対する援助です。

　次に,援助サービスのそれぞれのレベルについて,詳しく説明していきます。

①1次的援助サービス

　わかりやすい授業の工夫,学級や学校を子どもたちにとって居心地のいい場所にしていくことなど,校内のすべての子どもに対して提供される援助です。教師の日常の教育活動そのものといってもいいでしょう。このように,集団を通して子どもたちを援助する場面というのは,実は学校生活のなかに多くあります。このような集団に対するサービスが充実してくると,発達障害など学校生活で苦戦する子どもたちにとって,学校生活はよりわかりやすく,居心地のよいものになります。

②2次的援助サービス

　勉強がうまくいかない,授業中に寝ている,友達とけんかをした,家でうまくいかないことがあって学校で集中できないなど,苦戦が始まった子どもに対して提供される援助です。また,2次的援助サービスの対象には,震災などの事情で転校してきた,あるいは小学校のときに不登校の経験があり,いまは中学校に来ているけれど,いつまた苦戦するかわからないといった,「苦戦する可能性の高い子ども」も含まれます。

　これらの子どもに対して,先生方はいつもより多めに声をかけたり,保護者と連絡をとり合ったりして,プラスアルファの配慮をしていきます。そうすると,子どもは問題が大きくなる前に,苦戦している状況を乗り越えたり,必要な解決方法を学んだりすることができます。

　いっぽう苦戦の状況によっては,子どもの行動の背景に認知の偏りなどの発達の問題が潜んでいる場合もあります。このような場合には,3次的援助サービスの必要性を考えて

いく必要が出てきます。関係者が連携して，個別の知能検査（WISC-Ⅳ，KABC-Ⅱなど）による精密なアセスメントを行います。

③3次的援助サービス

障害がある子どもや，長期間学校を休んでいる子どもなど，援助ニーズの大きい子どもに対して提供される援助です。ケースによって，子どもはほんとうにいろいろな面での行動課題を抱えています。その子の苦戦の情報を収集して，ていねいな援助を行っていきます。

また，さきに述べたように，障害がある子どもの場合，問題行動の有無にかかわらず，その子の援助ニーズはずっと継続していきます。ですから校内委員会などの組織が中心になって，定期的に子どもの援助ニーズを見直し，それに応じた対応を検討していくことが必要となります。そのとき，援助チームで保護者と連携して，「個別の指導計画」を作成しながら援助を進めていくことが大切です。

■ 援助サービスは3階建て
——「みんなの援助が一人の援助」で「一人の援助がみんなの援助」

スコットランドでは，援助ニーズの高い子どもたちに対する援助のことを，「アディショナル・サポート（付加的なサポート）」と呼んでいます（Scotland ACT 2004）。学校には，すべての子どもを対象にした学級経営・授業が基盤にあって，あとは一人ひとりのニーズに応じて，プラスアルファの援助をしていきますよという意味です。

学校心理学でも，さきに説明した3つの援助サービスを「3階建て」という概念で説明しています（P15図1参照）。つまり，1次的援助サービスは，すべての子どもに対して提供されるべきものであり，2次的援助サービスが必要な子どもに対しては，1次＋2次の援助をトータルで考えていきます。同様に，3次的援助サービスが必要な子どもには，1次＋2次＋3次の援助をトータルで考えていきます。

特別支援教育は，ともすると3次的援助サービスだけを考えればいいと思われがちですが，いくら3次的援助サービスを充実させても，1次的援助サービスや2次的援助サービスが十分になければ，子どもにとっての学校生活のクオリティは下がってしまうので注意が必要です。

同時に，学校生活で苦戦する子どもに対して工夫された2次的援助サービスや3次的援助サービスが成果をあげるとき，それは1次的援助サービスを向上させるヒントになります。「発達障害の子どもにわかりやすい授業はすべての子どもにとってわかりやすい授業となる」という考えで，「授業のユニバーサルデザイン化」が進められています（桂，

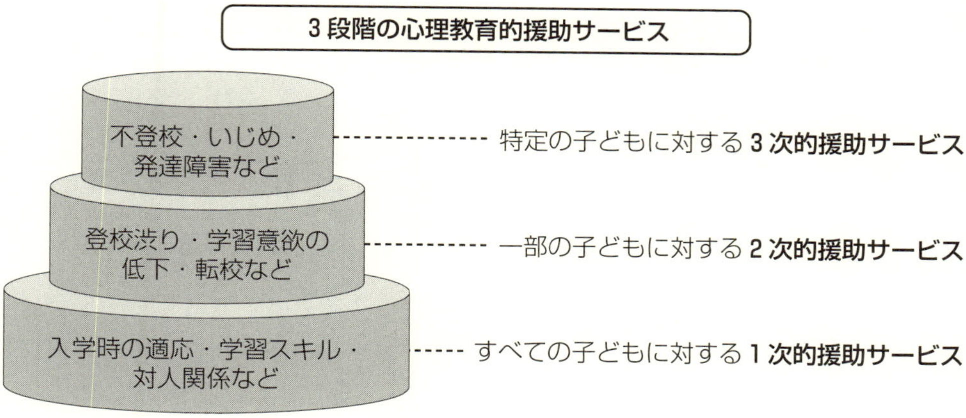

3段階の心理教育的援助サービス

- 不登校・いじめ・発達障害など ······ 特定の子どもに対する**3次的援助サービス**
- 登校渋り・学習意欲の低下・転校など ······ 一部の子どもに対する**2次的援助サービス**
- 入学時の適応・学習スキル・対人関係など ······ すべての子どもに対する**1次的援助サービス**

図1　3段階の心理教育的援助サービス（学校心理士資格認定委員会，2012を一部修正）

2011）。

　つまり，すべての子どものための1次的援助が，苦戦する子どものための2次的援助サービス・3次的援助サービスの基盤となり（みんなの援助が一人の援助），効果的な2次的援助サービス・3次的援助サービスが，1次的援助サービスに取り入れられることで，日々の学校生活が充実していく（一人の援助がみんなの援助）のです。

1章 2節 特別支援教育に生かすチーム援助

1. チーム援助とは

　ある子どもが苦戦しているときに，子どもの周りにいる大人たちが集まって，子どもの状況について情報を交換し合ったり，「いまは子どもの気持ちが落ち着くようにしよう」「学校生活が充実するようにしよう」などのように援助方針を共有して，それぞれの立場を生かして，その子のためにできることをしていこうというのが，チーム援助の考え方です。
　このように，「異なった専門性や役割をもつ者同士が，子どもの問題状況について検討し，今後の援助のあり方について話し合うプロセス」のことを，専門用語で相互コンサルテーションといいます。チーム援助の作戦会議は，子どもの援助に関して行われる相互コンサルテーションです。
　だれか1人のすばらしい名人芸に頼るのではなく，みんなで援助することで，その子にとって，いちばんいい結果を得られるようにすることがチーム援助の目的です。苦戦している子どもが援助チームのいろいろな人とかかわっていくなかで，「得るものがある場面」が増えて，困りごとが少しでも解消されていくのをめざします。

■援助チームの3つのレベル

　援助チームには，次の3つのレベルのチームがあります。コーディネーターは，問題解決のために必要とされる役割と権限から，どのチームで動くとよいかを考えます（P18図2参照）。

①必要に応じてコーディネートされる「個別の援助チーム」
　苦戦している子どもの具体的な援助について話し合うため，保護者，担任，特別支援教育コーディネーター（養護教諭や教育相談係などの場合も）で構成される援助チームです。
　個別の援助チームでは，「情報をまとめる」「援助方針を立てる」「具体的な援助案を幾つか立てる」という作業をします（田村・石隈，2003）。本書では，これを援助チームの「作戦会議」と呼びます（第2章第2節参照）。例えば，苦戦しているAさんのために，担任と保護者とコーディネーターが話し合っている場面を想像してもらうとわかりやすい

でしょう。個別の援助チームでの援助方針は，保護者の許可をとって校内で共有します。共有することにより，「目に見える」チームとなります。さらに，必要に応じて校内外の援助資源が加わり，拡大援助チームやネットワーク型援助チームにも発展します。話し合いの間隔は柔軟に決めますが，定期的に行います。

②校務分掌としての「コーディネーション委員会」

　校内委員会や教育相談委員会などの，校務分掌に位置づけられた組織です。苦戦している子どもたちをめぐって，委員会のメンバーが，学校の資源をどう使って援助できるか，あるいは学校の援助システムをどう考えていくかを話し合うので，「コーディネーション委員会」といいます（家近・石隈，2003）。委員会では，特定の子どもの事例について検討することもあれば，特別支援教育について校内研修のもち方などを打ち合わせることもあります。

　コーディネーション委員会に出席するメンバーは，ある程度固定しています。特別支援教育コーディネーター（教育相談兼任の場合もある），生徒指導担当，養護教諭，スクールカウンセラー，管理職などが，おもなメンバーになります。特定の事例を検討するときには，担当の先生方が加わる場合もあります。ここで重要なのは，コーディネーション委員会には必ず「管理職」にも出席してもらうことです。校長と教頭の両方は無理でも，どちらかが出席することで，重要な決定が可能になり，コーディネーターがコーディネーション委員会の場を活用する幅も広がります。コーディネーション委員会は「定期的」「恒常的」に行い，月1回とか隔月1回などのペースで，定期的に話し合いをもちます。

③管理職レベルの「マネジメント委員会」

　企画委員会，運営委員会などと呼ばれる，学校全体での特別支援教育について話し合う組織です。メンバーは，校長，副校長，教頭，学年主任，教務主任，生徒指導主事，あるいは特別支援教育コーディネーターなどです。「特別支援教育コーディネーターは誰にしようか」など，人事を含めた学校全体のマネジメントに関して，また以下のような要項について話し合います。

　　○「教育目標の設定」：特別支援教育に関してはこういうやり方でしましょう，不登校に関してはこんな援助の教育目標を立てましょうなど
　　○「組織人事に関する決定」：校内委員会をどうするのか，コーディネーターに誰を指名するのかなど
　　○「特別支援教育や教育相談に関する決定」：就学相談のあり方や行事の位置づけなど
　　○「財政とか施設に関する決定」
　　○「危機管理」

マネジメント委員会

心理教育的援助サービスを含む、学校全体のマネジメントを行う

ステップⅠ（ステップⅠ＝一次的援助サービス）

すべての子どもの援助ニーズに応えるサービスを実施する

ステップⅡ（ステップⅡ＝二次的援助サービス）

ステップⅡ-1

- 特別支援教育コーディネーター、教育相談担当、養護教諭、スクールカウンセラーが、苦戦している子どもに気づく
- 子どもが特別支援教育コーディネーター、教育相談担当、養護教諭、スクールカウンセラーに相談する

ステップⅡ-1

- 学級担任などが、学校生活で困ったり悩んだりしている子どもに気づく
- 子どもが学級担任に相談する

ステップⅡ-1

- 保護者が子どもの困りごと・悩みに気づく
- 子どもが保護者に相談する

ステップⅡ-2

- 特別支援教育コーディネーター、教育相談担当、養護教諭、スクールカウンセラーが子どもを校内で観察する。必要に応じて援助する

ステップⅡ-2

- 学級担任などが、子どもを観察しながら、指導・援助を工夫する

ステップⅡ-2

- 保護者が子どもを観察しながら家庭での援助を工夫する

ステップⅡ-3

- 担任や保護者が、学年や教科の教師、学年主任などに相談しながら援助を充実させる

ステップⅡ-3

- 担任や保護者が、特別支援教育コーディネーター、養護教諭、教育相談担当、スクールカウンセラーなどに相談しながら援助を充実させる

特別のステップ

① 提出された事例について検討し、援助の計画を立て、実践する
② 援助サービスの課題について検討する

コーディネーション委員会

ステップⅢ（ステップⅢ＝三次的援助サービス）

特別の援助ニーズのある子どもに関してチーム会議を開き、子どもの苦戦に関する情報を整理し、個別の指導・援助の計画を立て、チーム援助を進める

個別の援助チーム

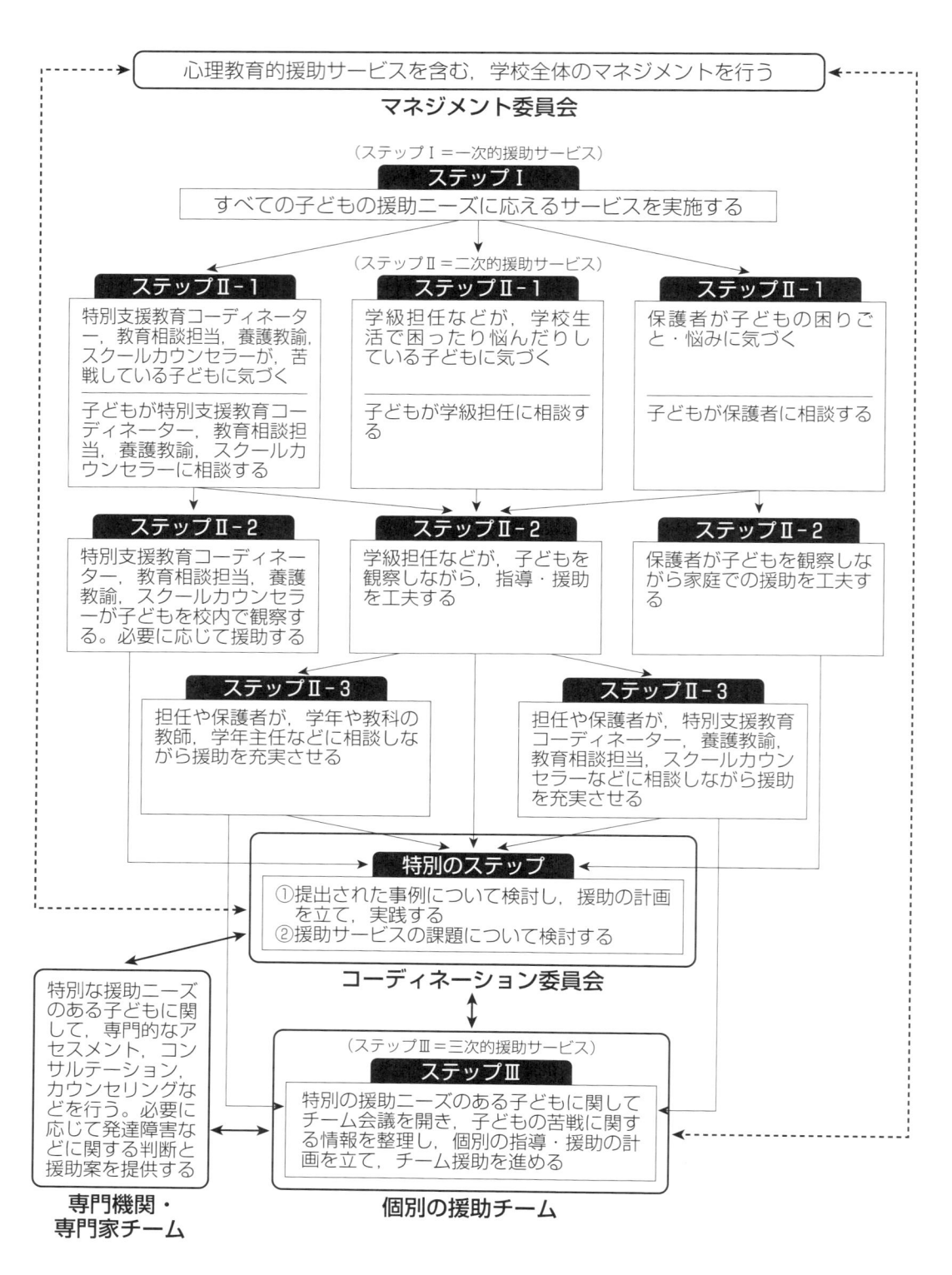

専門機関・専門家チーム

特別な援助ニーズのある子どもに関して、専門的なアセスメント、コンサルテーション、カウンセリングなどを行う。必要に応じて発達障害などに関する判断と援助案を提供する

図2　マネジメント委員会、コーディネーション委員会、個別の援助チームにおける心理教育的援助サービスのシステムの流れ（石隈、1999を修正）

マネジメント委員会には,「情報共有・問題解決」「教育活動の評価と見直し」「校長の意志の共有」の3つの機能があります（山口・石隈, 2010）。学校全体で特別支援教育を推進しておくことが大切です。

2. コーディネーターとは

　援助チームが校内で円滑に機能するためには，チームのつなぎ役・調整役が必要です。この役割を果たす人のことを，援助チームのコーディネーターといいます。本書では，LD，ADHD，高機能自閉症などの子どもへの援助を中心に取り上げていますから，援助チームのコーディネーターは「特別支援教育コーディネーター」のイメージになります。

　もちろんチーム援助の対象は，発達障害がある子どもだけでなく，学校生活に不便さを感じているすべての子どもですから，子どもの援助ニーズや校内の体制によって，教育相談の先生や生徒指導担当の先生，養護教諭が援助チームのコーディネーターになることもあります。

　特別支援教育コーディネーターは，各学校で指名することになっていますが，人数は1人と定められているわけではありません。できたら複数指名がよいと思います。また，教育相談のコーディネーター役と特別支援教育のコーディネーター役，あるいは教育相談部と校内委員会は，いずれは一元化したほうがいいと思います。そうすれば，子どもの「問題」によって「不登校は教育相談部で考える」「発達障害は特別支援教育部で考える」などと分担する必要がなくなり，子どもの学校生活をまるごと理解して援助する合理的で効率的な状況になります。援助のシステムが一本化されて合理的だからです。

■コーディネーターの仕事

　コーディネーターの仕事は，P16で説明した援助チームのレベルによって，大きく2つに分けられます（P20表参照）。

　1つは，「個別の援助チーム」の中で行う仕事です。苦戦しているAさんについて，情報を集めて分析したり，援助チームのメンバーをつないだり，援助に役立つ人や物を見つけてきたりします。保護者に対しては，援助チームとの連携の窓口になります。

　もう1つは，「コーディネーション委員会」や「マネジメント委員会」の中で行う仕事です。学校全体の特別支援教育が軌道に乗るように，職員研修会を開いたり，全校児童の状況を確認したり，苦戦の大きくなっている子どものためにより大きな援助体制を築いた

りします。ときには，予算や人事について掛け合うことも必要になります。地域の相談機関について，どこにどんな人がいて，子どもや保護者にどんなアプローチをとってくれるのか，情報収集しておくことも大切な仕事の1つです。

コーディネーターの仕事（瀬戸・石隈，2002，2003より）

1．個別の援助チームの中で行う仕事	
①アセスメントや判断	援助を必要としている子どもについて，その子の願いや，自助資源，苦戦の状況，問題行動の意味や今後の見通しを把握する。また，援助にかかわる人について把握し，連携が必要かどうかを判断する。
②保護者・担任との連携	子どもの援助に関して，保護者と学級担任の仲介を行う。したがって，保護者にとって，特別支援教育コーディネーターは学校の窓口の役割を果たす。
③援助チームの形成と維持	子どもの援助者をつなぎ，援助チームを立ち上げて作戦会議を開いたり，会議での進行役を務めたりする。また，援助チームで取り組んでいることについて，コーディネーション委員会や管理職に連絡する。
④地域との連携	地域の援助資源を把握しておくことで，最大限に子どもの成長や発達のために貢献する。地域の援助資源には，適応指導教室，医療機関，相談機関，親の会，文化センター，児童センター，図書館，スポーツ少年団，塾，駄菓子屋，ペットなどがある。
2．学校・地域レベルで行う仕事	
①広報活動	特別支援教育を活性化するためには，例えば「援助が必要な子どものことをよく理解する」とか，「それをほかの教職員に理解してもらう」という仕事も必要になる。そこで，特別な援助ニーズのある子どもへの援助の流れや手続き（P18図参照）についての広報活動を，教職員や保護者に対して行う。
②日ごろからの情報収集	気になる子どもの事例や，学校全体の抱える子どもの課題，全校児童生徒の欠席状況などについて，情報を把握する。また，学校全体の特別支援教育がうまく軌道に乗っているかについて，情報を収集する。
③連絡・調整やネットワーク	地域の援助資源に働きかけて，援助チームのメンバーに入ってもらえるよう，「外部との連携」を図る。このとき，機関名だけでなく，そこにどんな「人」がいるかも情報を得ておく。
④マネジメントの促進	管理職へ働きかけて予算を取ってきてもらうとか，特別支援が必要な子どもの実態をマネジメント委員会に伝えて，特別な生活指導員や自立支援員等をつけてもらうなど，マネジメントについての働きかけをする。予算や人事に関する環境を整えることも，特別支援教育を進めるうえで欠かせない仕事の1つである。

■コーディネーターに必要な能力

　前述のような仕事を行うために，コーディネーターは，下記A～Dの4つの能力を身につけておくことが必要です（瀬戸・石隈，2002，2003）。

　なかでも，特別支援教育の導入期に当たる現段階では，まず援助者をつなぐためのCとDの力が求められます。AとBについては，実際に支援の経験を積むことや研修を重ねることが必要になりますから，時間をかけて徐々に身につけていけるといいでしょう。

A　状況判断能力
　集められた情報から問題点を明確にしたり，援助方針が適切かどうかを判断したり，情報共有の必要な範囲を決定したりすることができる。

B　専門的知識・技能
　発達障害についての援助，子どもの発達についてのアセスメント，学級づくりや子どもの人間関係を促進するための教育実践，精神障害などについて，知識や技能がある。

C　援助チーム形成能力
　校内の協力体制をつくったり，援助チームのメンバーの得意なことを把握したり，必要な情報が集まるように働きかけたり，援助チームのメンバーを選定したりできる。

D　話し合い能力
　苦手な人とも，ある程度良好な人間関係を保つことができる。援助チームのメンバーの誇りや経験を尊重しながら話し合いを進めることができ，自分の意見も述べることができる。

　先生方にとって，これまでの教師の仕事と比較して，特別支援教育コーディネーターの仕事の目新しいところは，大人を相手にするところでしょう。すでに子どもたちとは，自分のもち味を発揮してつき合っていると思いますが，大人に対しても自分のもち味を活かしたつき合い方ができるでしょうか。

　大人とかかわる時間が増えるということは，その分，子どもとかかわる時間が減るということです。「子どもが好き」で教師になった方が多いと思いますから，そのことに，寂しい気持ちをもつのは当然だと思います。しかし，「大人とかかわる時間をもつ」ことは，コーディネーターや教育相談担当の大きな仕事なのです。

　何か困ったことが起きて，「子ども」が苦戦している状況に気づき，アセスメントを行って，どういう援助が必要か考え，関係者で連携を組んで，実際に動いて，それをまた評価して……という援助のサイクルができてくれば，コーディネーターの仕事はとてもうま

くいっていると言えます。

■ コーディネーターには権限が必要

　先生方が特別支援教育コーディネーターとして活動していくうえで，なくてはならないのが役割に伴う権限です（瀬戸・石隈，2002，2003）。「自分が判断できる裁量が大きい」「クラスの枠に関係なく自由に活動できる」「会議を招集できる」などの権限が，仕事をしていくうえでどうしても必要となります。特別支援教育コーディネーターは，ほかの教職員と対等の関係とはいえ，このような権限をもらわないと，すべてを抱え込むことになり燃え尽きてしまいかねません。「お願い」だけでは，なかなか人は動いてくれないのが現実だからです。

　権限を設定するためには，年度はじめの4月に，「本校では，特別支援教育コーディネーター（あるいは教育相談のコーディネーター）をA先生にします。A先生が皆さんを校内委員会や援助チームの会議に招集したときは，管理職の依頼と同様に位置づけてください。よろしくお願いします」などと，校長から話してもらえるといいと思います。

　学校現場を見ていると，コーディネーターに与えられている役割権限がまだまだ弱いように思われて心配です。管理職には，ぜひ「コーディネーターの役割権限の必要性」を理解して，校内に積極的に広げていってほしいと思います。

第2章

特別支援教育における
チーム援助の進め方

苦戦している子どものための援助チームが立ち上がったら,「作戦会議」を開いて,子どもについての情報を集め,援助方針を統一して,具体的な援助案を考えます。本章では,作戦会議の具体的な方法と,情報共有のための「シート」を紹介します。

2章 1節 チーム援助のためのシート

　特別支援教育コーディネーターは，苦戦している子どもについての個別の援助チーム（P16参照）を立ち上げ，子どもについての情報収集を行ったり，具体的な援助案を立てたりするための作戦会議を行います。

　本章では，チーム援助の作戦会議で使用するために開発された4つのシートを紹介します。援助チームのメンバーが話し合いながらシートへ情報を記入していくと，苦戦している子どもへの援助案が自然にできるように工夫されています。

1．シートの種類と用途

本書で紹介するシートには次の4種類があります。

> 援助チームシート（5領域版）　→　P27
> 　現在の子どもの情報を収集・整理し，援助方針や援助案を立てるためのシート
> 援助資源チェックシート（ネットワーク版）　→　P29
> 　子どもの問題解決を助けてくれそうな人物や関係機関をまとめるシート
> プロフィールシート　→　P31
> 　子どもの願いや苦戦，また学級・学校の様子などをまとめるシート
> 個別の指導計画シート　→　P33
> 　援助チームシートの援助案を，より詳細で具体的なものにするためのシート

　「援助チームシート」と「援助資源チェックシート」は，現在の子どもの様子について情報を集めたり整理したりするために，また，それをもとに援助方針と援助案を話し合う過程で使います。この2つのシートだけで，援助がスムーズに進む場合も多くあります。

　「プロフィールシート」は，苦戦が長期化している子どもの場合に，現在の状況だけでなく，生育歴やこれまでの苦戦の様子，それに対する援助の経過についても情報を把握したり引き継いだりするために使います。シートの作成は，保護者面談などで情報収集した内容をまとめることが前提となりますが，それができない場合に，教師が申し送り等で把

握している情報をまとめるために作成する場合もあります。

「個別の指導計画シート」は，学習指導要領で作成が求められている「個別の指導計画」に相当するものです。子どもの個別援助ニーズが高い場合に，その子どもに合った具体的できめ細やかな援助案を立てるために使います。

■シートの使い方

これらのシートは，おもに援助チームの作戦会議で使用します。コーディネーターは，作戦会議を開く前に，まず「援助資源チェックシート」に記入して，援助チームのメンバーとなる人を確認していきます。次に，「援助チームシート」の「情報のまとめ（A～C欄）」に，わかる範囲で記入します。そして，これらを人数分コピーして，作戦会議に臨みます。「援助チームシート」を模造紙に打ち出して，そこに付箋をはることで会議を進めることもできます。

多くの場合，この2つのシートだけで，援助がスムーズに進んでいきます。「プロフィールシート」や「個別の指導計画シート」は，子どもの苦戦が大きい場合や，援助の過程で必要が生じたときに作成するとよいでしょう。

本書に収録したシートは，読者が個人として，子どもの援助のために使用する場合は，自由にコピーして使うことができます。記入用にはB4～A3判に拡大し，保管するときはそれをA4判に縮小して使用すると便利です。また，前作『石隈・田村式援助シートによるチーム援助入門』の付録CD-ROM（援助シート入力支援ソフト）を利用すると，「援助チームシート（5領域版）」を，パソコンを使って記入することができます（CD-ROMについてはP167参照）。

実際のシートの記入例については，第5章の事例や，「援助チームシートの記入例」（P51～60）を参考にしてください。

■「個別の指導計画」について

平成20年改訂の新学習指導要領で，通常学級における特別支援教育の必要な子どもに対して，「個別の指導計画」（P162参照）を作成することが求められました。

個別の指導計画の書式は，各都道府県の教育委員会などから出されたものを利用することができます。本書の「個別の指導計画シート」は，援助チームで統一された援助方針のもとに，援助の必要な分野に優先順位をつけながら，具体的な指導方法を考えていくことができます。本シートは「個別の指導計画」の書式として使うこともできますし，教育委員会等の書式を作成するためのシートとして使うこともできます。

2．援助チームシート（5領域版）

　援助チームシートは，おもに援助チームの作戦会議で使います。話し合いながら，シートの上段から順番に書き込んでいくことで，「情報のまとめ」「援助方針の立案」「援助案の策定」ができるようになっています。

　援助チームシートには，本書で紹介する5領域版のほかに，4領域版があります。発達障害があるなど，援助ニーズの大きな子どもに対しては，「知的能力・学習面」「言語面・運動面」「心理・社会面」「健康面」「生活面・進路面」の5領域について記入できる5領域版を使用します。

■援助チームシートの各欄について

〈欄外〉

　実施日……話し合いをもった日

　出席者名……話し合いに参加したメンバー

　苦戦していること……いま子どもが最も困っていること

〈情報のまとめ〉事実を集める

　A　いいところ……子どものいいところや得意なことを箇条書きにする。

　B　気になるところ……子どもの気になるところを箇条書きにする。

　C　してみたこと……いままであるいは現在行っている援助とその結果を箇条書きにする。

〈援助方針〉大きな柱を立てる

　D　この時点での目標と援助方針……A～Cをもとに，その子どもにとって必要なこと，大事にしたほうがいいことを記入する。領域ごとではなく，1～2つでよい。

〈援助案〉具体的で小さな案を立てる

　E　これからの援助で何を行うか……具体的ですぐに実践できるスモールステップの案を箇条書きにする。欄ごとに，箇条書きに通し番号をつけておく。

　F　誰が行うか……Eの番号に対応させて，具体的な分担を記入する。

　G　いつからいつまで行うか……Eの番号に対応させて，具体的に記入する。

※記入する内容が見つからない場合は，情報不足として空欄のままにしておきます。

【石隈・田村式 援助チームシート 5領域版】

実施日：　　年　月　日（　）　時　分～　時　分　第　回
次回予定：　年　月　日（　）　時　分～　時　分　第　回
出席者名：

苦戦していること（　　　　　　　　　　　　　　　　　　　　　　　　　　　　　　　　　　）

児童生徒名 年　組　番 担任名		知的能力・学習面 (知能・学力) (学習状況) (学習スタイル) など	言語面・運動面 (言葉の理解や表現) (腕と手の運動) (上下肢の運動) など	心理・社会面 (情緒面)(人間関係) (ストレス対処スタイル) など	健康面 (健康状況) (視覚・聴覚の問題) など	生活面・進路面 (身辺自立) (得意なことや趣味) (将来の夢や計画) など
情報のまとめ	（A）いいところ 子どもの自助資源					
	（B）気になるところ 援助が必要なところ					
	（C）してみたこと いままで行った，あるいは，いま行っている援助とその結果					
援助方針	（D）この時点での目標と援助方針					
援助案	（E）これからの援助で何を行うか					
	（F）誰が行うか					
	（G）いつからいつまで行うか					

©Ishikuma & Tamura 1997-2013

3．援助資源チェックシート

　援助資源チェックシートは，どんな人が子どもの援助にかかわっているか，情報を整理したり新しく発見したりするために作成します。特別支援教育では，学校外の専門機関などの情報も書き込める，ネットワーク版を利用します。

■ 援助資源チェックシートの各欄について

〈円の外〉
　援助資源の把握を行った日
〈円の中心〉
　援助を受ける子どもの名前
〈円の周辺〉
　①担任……子どもが所属している学級や通級している学級の担任名
　②学級の友達……クラスでとくに仲のいい子どもの名前。いなければ空欄に
　③予備欄（空欄）……他学級，部活ないしは通級学級の友達などを記入
　④家族・親戚，ご近所等……兄弟姉妹などの家族。わかれば年齢も
　⑤保護者……必ず記入。わかれば年齢や仕事も
　⑥学習塾，学童，親の会等……参加している場合には記入
　⑦児童相談所，福祉関係等……相談に行っている場合には担当者名を記入
　⑧医療機関，保健所等……かかりつけ医を記入
　⑨コーディネーター……チーム援助のコーディネーター役をしている人を記入
　⑩労働支援関係……作業所等に通っている場合は記入
　⑪適応指導教室，フリースクール等……通っている場合は記入
　⑫教育センター等相談機関……相談などをしている場合は記入
　⑬管理職・生徒指導担当・教育相談担当・特別支援教育担当等……担当者名を記入
　⑭予備欄（空欄）……どこにもあてはまらない人を記入
　⑮養護教諭，スクールカウンセラー等……かかわっている場合にのみ記入

田村・石隈式 【援助資源チェックシート ネットワーク版】

記入日　　年　　月　　日

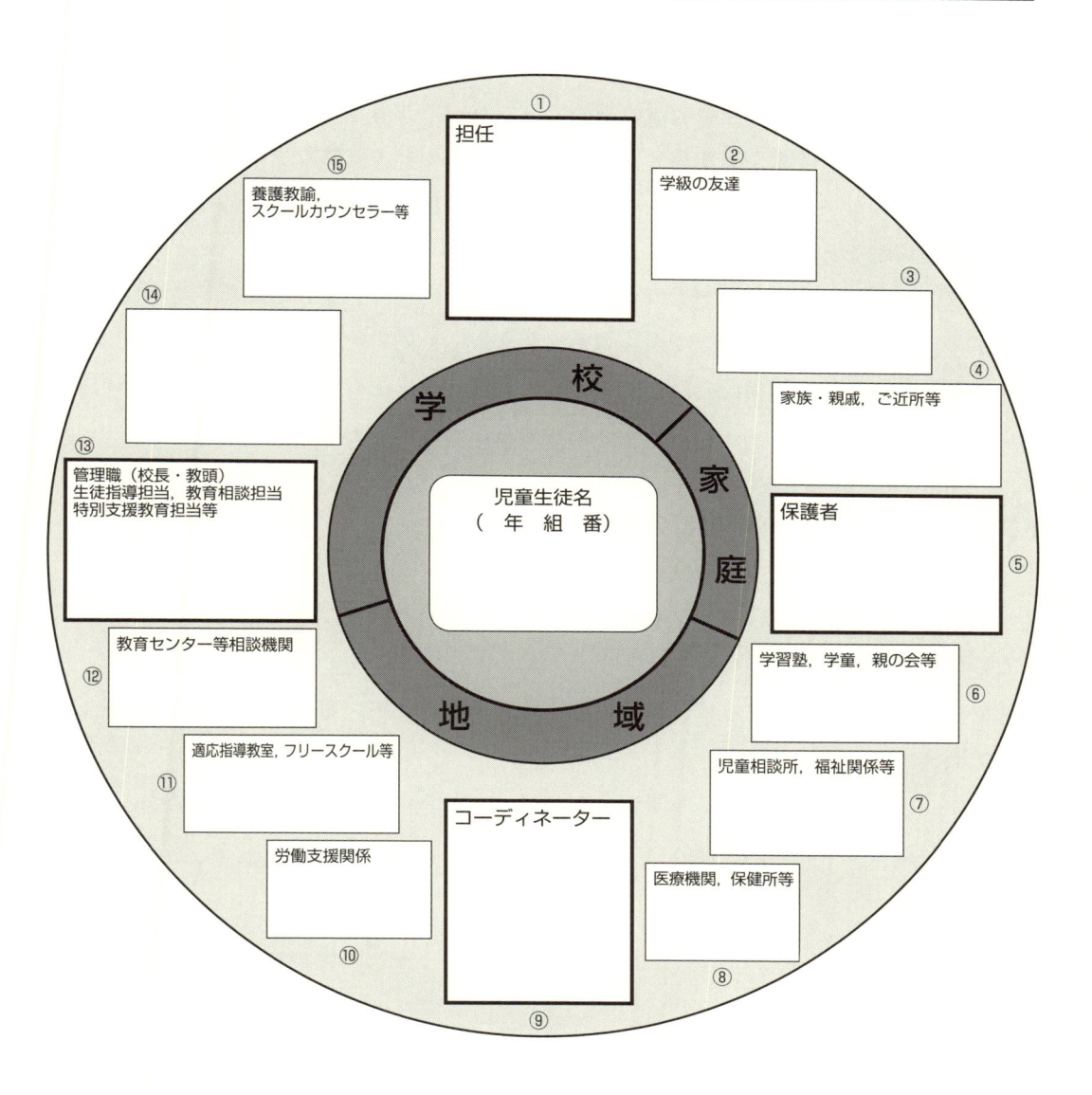

- ① 担任
- ② 学級の友達
- ③ （空欄）
- ④ 家族・親戚，ご近所等
- ⑤ 保護者
- ⑥ 学習塾，学童，親の会等
- ⑦ 児童相談所，福祉関係等
- ⑧ 医療機関，保健所等
- ⑨ コーディネーター
- ⑩ 労働支援関係
- ⑪ 適応指導教室，フリースクール等
- ⑫ 教育センター等相談機関
- ⑬ 管理職（校長・教頭）生徒指導担当，教育相談担当　特別支援教育担当等
- ⑭ （空欄）
- ⑮ 養護教諭，スクールカウンセラー等

中央：児童生徒名（　年　組　番）

区分：学校／家庭／地域

©Tamura & Ishikuma 1997-2013

4．プロフィールシート

　プロフィールシートは，事例の概要を1枚の紙にまとめるためのシートです。「1．子どもの願いや苦戦している状況」「2．学級・学校の様子」「3．家族」「4．生育歴」「5．援助チームメンバー」「6．援助者の願いや苦戦」について記載します。

　プロフィールシートは，作戦会議の初めにメンバーで共有すると，話し合いがスムーズに進みます。とくに苦戦が長期化している場合には重要です。プロフィールシートを使うと，援助チームシートで集めた現在の子どもの情報に加えて，これまでの成長にかかわる情報や家庭環境などの情報を集めることができます。

　プロフィールシートは，子どもの生育歴にかかわる内容も含まれるため，特別支援教育コーディネーターなどが，面談で保護者から聞き取った内容をもとに作成していきます。もちろん，先生方が事例検討会などで子どもの苦戦状況を把握するために，学校が把握している情報だけをプロフィールシートへまとめることもできます。

■プロフィールシートの各欄について

①子どもの願いや苦戦している状況……子どもが苦戦するようになった経緯を記入
②学級・学校の様子……学級・学校の雰囲気や，担任の方針について記入。ほかの子どもとの関係や相互作用についても記入
③家族……保護者がどのように子どもの問題状況をとらえているかなど，家族の考えについて記入
④生育歴……小さいころからこれまでのエピソードがあれば記入。療育歴や病歴についてもさしつかえがない範囲で記入
⑤援助チームメンバー……援助チームのメンバーについて記入
⑥援助者の願いや苦戦……保護者や先生など，援助者の「誰が」「何に困っているか」を箇条書きで記入

　特筆すべきは，プロフィールシートの順番です。まず，子どもの願いや苦戦している状況を把握したうえで，子どもの「いまの学校生活」に焦点を当てます。次に子どもの「いまの家庭の状況」を理解したうえで，必要に応じて生育歴について把握します。子どもの学校生活に焦点を当てているところが，プロフィールシートの特徴です。

【石隈・田村式 プロフィールシート】（　　年　月　日作成）記入者＿＿＿＿＿＿＿＿＿＿

[　　年　　組　　番]
児童生徒名：　　　　　　　　　　　　　　担任名：

1　子どもの願いや苦戦している状況

2　学級・学校の様子（学級・学校の雰囲気，担任の方針など）

3　家族（構成，子どもの問題状況のとらえ方，大切にしていることなど）

4　生育歴（発達課題の達成状況など）

5　援助チームメンバー

6　援助者の願いや苦戦

援助者	願いや苦戦

©Ishikuma & Tamura 2006-2013

5．個別の指導計画シート

　個別の指導計画シートは，みんなと同じ方法では学習がうまく進まなかったり，特別な配慮がないと学校生活で苦戦してしまったりする子どもに対して，オーダーメードの指導計画を立てるために使います。援助チームシートの援助案をもとに，援助チームシートのD～G欄のより詳細な指導計画を作成します。本シートは，早稲田大学本田恵子先生の演習をヒントにして「石隈・田村式援助チームシート」を基盤に開発しました。

　新しい学習指導要領では，通常学級に通う子どもでも必要に応じて「個別の指導計画」を作成するように求めています。「個別の指導計画」の作成を校内委員会などの校務分掌の仕事に位置づけ，担任と特別支援教育コーディネーターが中心になって行います。

■個別の指導計画シートの各欄について

〈欄外〉
- 作成日……シートに記入した日
- 児童生徒名と学級担任名，通級学級担任名
- サポート対象領域……援助チームシートの5つの領域（知的能力・学習面，言語面・運動面，心理・社会面，健康面，生活面・進路面）のうち，苦戦が大きく，個別の指導計画を立てる必要のある領域を丸で囲む。基本的に1つの領域に1枚のシートを使用する。

〈GOAL〉
- 長期目標……1年間の目標を記入する。
- 短期目標……その学期の目標を記入する。できるだけ具体的な姿を1～2つ記入する。

〈PLAN & DO〉
- 援助で何を誰が行うか……短期目標に対して，具体的ですぐに実践できるスモールステップの案を箇条書きにする。箇条書きには通し番号を打っておき，それぞれの番号に対応させて，誰が行うかを具体的に分担する。
- いつ・どこで行うか……箇条書きにした案を，いつ（期間や条件），どこで（場所や場面）行うかを記入する。
- 学級経営・学校経営上の工夫，援助機関との連携，用いる教材など……環境調整の工夫や援助に役立つ情報などを記入する。

〈SEE〉
- 評価……目標に対する援助の成果を学期末に記入する。

【石隈・田村式 個別の指導計画シート】

作成日　　年　月　日（　）

児童生徒名：　　　　年　　組　　番 [　　　　　　　]
学級担任名：[　　　　　　　]　　通級学級担任名：[　　　　　　　]

——— このシートでのサポート対象に○をつけ，それについてシートを作成してください。———

知的能力・学習面　　言語面・運動面　　心理・社会面　　健康面　　生活面・進路面

GOAL	長期目標 （1年の間に伸ばしたい力）		
	短期目標 （学期で伸ばしたい力）	1	2
PLAN&DO	援助で何を誰が行うか		
	いつ・どこで行うか		
	学級経営・学校経営上の工夫，援助機関との連携，用いる教材など		
SEE	評価 （うまくいったこと　うまくいかなかったこと）		

©Ishikuma & Tamura 2006-2013

2章 2節 援助チームの作戦会議

1. 作戦会議とは

　援助チームでは，前節で紹介したシートを使って，苦戦している子どもについての情報収集を行ったり，援助案を立てたりするための話し合いを定期的にもちます。どのような援助をしていくかについての「作戦会議」です。

　作戦会議には2つのレベルがありますが，本節では，おもに1について説明します。

> 1　個別の援助チームレベルの作戦会議
> 　子ども一人一人の援助に実際にかかわる実働チームのメンバーで行う作戦会議です。保護者，学級担任，コーディネーター（例：特別支援教育コーディネーター，特別支援学級担任，教育相談担当）がメンバーの核となります。
>
> 2　コーディネーション委員会レベルの作戦会議
> 　援助ニーズの高い子どもたちへの援助について検討するために，校内委員会，教育相談部会，生徒指導部会，不登校対策委員会，学年部会のような呼び名の組織で行う作戦会議です。特別支援教育コーディネーター，学年主任，教育相談担当，生徒指導担当，養護教諭，管理職などのリーダーを中心に組織されます。

■作戦会議のメンバー

　個別の援助チームのメンバーは，保護者，学級担任，コーディネーター（例：特別支援教育コーディネーター）が核となりますが，制限はありません。援助資源チェックシート（P29参照）に記入された人々は，全員，作戦会議のメンバーになり得ます。

　コーディネーターは，作戦会議の話し合いのなかで，これら複数の援助者たちが行うバラバラな行動を，全体としてうまくいくように調整したり促進したりします。人と人とをつなげる橋渡し役です。橋渡しでは，次の2つを意識します。

①関係機関をつなぐ

　作戦会議を開くために必要な人や関係機関を把握し，確実に橋渡しします。子どもが苦

戦していることに対して，具体的にサポートを提供できる援助者や関係機関をつなげます。
②言葉でつなぐ
　援助チームのメンバーには，さまざまな分野，立場の人がいます。そこで，コーディネーターは，集まったメンバーが言わんとすることを，それぞれの相手にわかりやすい言い方で伝えます。例えば，面談で保護者から話された内容を翻訳して，保護者の言わんとすることを先生や学校に伝えます。保護者が子どもの学習を個別にサポートしてほしい様子でしたら，「A子さんは漢字が苦手なので，国語の授業がとても苦痛とのことです。個別に対応できる方法について話し合いたいのですが，いかがでしょうか」と提案します。また，学校側が保護者に伝えたいことを，「お子さんが宿題にとりかかったらたくさんほめていただけませんか」などと，例をあげてできるだけわかりやすい言葉で伝えます。

■作戦会議の目的
　作戦会議を開く目的は2つあります。
　<u>1つは，援助資源の確認です</u>。学級担任や保護者など，とくに子どもと日々直接的にかかわっている人たちは，自分だけで何とか解決しなければと思いがちです。しかし，それが負担や焦りにつながってしまうこともあります。自分以外にも，周りに多くの援助者がいることに気づくことで，とてもほっとすることができます。また，これまで気づかなかった新しい援助資源を発見することもできます。
　<u>もう1つの目的は，援助方針の統一です</u>。たくさんの援助者がいても，バラバラに援助を行っていたのでは効果があがりません。相手によって言われることが変わると，子どもも誰の言うことを聞けばよいのか混乱してしまいます。援助方針を統一することで，一貫性のある対応を行うことができます。
　さまざまな立場から，さまざまな形でさしのべられる援助が，同じ援助方針の下で一定の方向を向いて重なり合うことで，薄い部分が少なくなり，重なり合う部分はより厚くなって，援助が手厚いものになっていくことが，作戦会議のねらいです。

▍2．作戦会議の流れ

　次に，個別の援助チームの作戦会議について，保護者も参加した話し合いのモデルを示します。作戦会議がどのようなものか，イメージをつかんでいただけると思います。

▌準備

時間：40分～1時間（担任の先生の空き時間や放課後を利用）
場所：相談室や会議室など（児童生徒や他の保護者等の目につかない配慮が必要）
道具：援助資源チェックシート，援助チームシート，筆記用具
参加者例：保護者，学級担任，特別支援教育コーディネーター，学年主任，特別支援学級
　　　　　担当，教頭，特別支援員，スクールカウンセラー
　　　＊子どもの同意が得られれば，当事者である子どもにも参加してもらいます。

（特別支援教育コーディネーターのフジヤマです　よろしくお願いします）
（担任のタカハシです）
（オサムの母です）

▌手順

1．集まってもらったお礼を必ず言う
　「みなさん，今日はお忙しいところおいでいただきありがとうございます」

2．話し合いの目的を言う
　「それでは今日は，オサムさんが少しでもよい方向に行くように，これからどのように援助していったらよいかを，ざっくばらんに話し合いたいと思いますが，よろしいでしょうか。オサムさんは友達とのトラブルが最近多くなってきており，心配しています。勉強も苦戦しているようで，机に伏せていることもあります。このままではオサムさんのよさを生かすことができないので，今日の話し合いを通して少しでもオサムさんが自分の力を発揮できるようにしたいと思っています。どうぞよろしくお願いいたします」

3．メモの許可をとる
　「話し合ったことを後で確認するために，メモをとってもよいでしょうか」

4．メモを渡す人についての許可をとる
　「話し合った内容をまとめたシートは，オサムさんへの手助けに関係している方，例えばアキ先生などにも，後日お渡ししてもよろしいでしょうか。また，保護者の方にもお渡ししたいと思いますが，どうなさいますか？」

5．「援助資源チェックシート」に記入する　情報のまとめ

「お互いに知らないことがあるかもしれませんので，最初に，オサムさんの周りにいる人で，手助けしてもらえそうな人を確認していきたいと思います。まず担任の先生のお名前ですが，タカハシ先生ですね。保健の先生のお名前は……」

「お母さんにお聞きします。ご家族のことについて，教えていただけますか？」

——父，母，祖父母，または兄弟姉妹などの名前や仕事や年齢・学年を記入

「ありがとうございます。家にいらっしゃる方は，どなたですか？」

「次に担任の先生にお聞きします。オサムさんには，クラスで仲のよいお友達はいますか？　部活などではどうでしょう？　オサムさんが，よくお話する先生はいらっしゃいますか？」

——同様の質問をほかの参加者にもする。

「お母さんにお聞きします。クラスで仲のいいお友達や，お家によく遊びに来たり，電話やメールをよくしているお友達を，ほかにも知っていらっしゃったら教えてください」
「担任の先生や保健の先生以外に，家でよくオサムさんの話題に出る先生はいますか？」
「塾や習い事に行っているとか，家庭教師に来てもらったりということはありますか？」
「最後に，さしつかえがなければ，今回のことでかかった病院やかかりつけ医，いままでに相談に行かれたところがありましたら，お教えいただけますでしょうか」

6．「援助チームシート」のA・B・C欄に記入する　情報のまとめ

「（A欄について）それでは話し合いを進めていきたいと思いますが，最初にオサムさんのいいところについて確認したいと思います。担任の先生から，オサムさんの勉強面について，本人が好きな教科や得意な教科には何がありますでしょうか。……お母さんはいかがでしょう。……保健の先生は……」

——知的能力・学習面，言語面・運動面，心理・社会面，健康面，生活面・進路面について，すべての参加者に順に尋ねる。

「（B欄について）次に，気になるところは，どんなところでしょうか」「学習面ではどうでしょうか」「友達関係や性格や行動面で，気になるところはありますか？」「生活面や進路や健康面で気になるところはありますか？」

——すべての参加者に順に尋ねる。

「（C欄について）それでは，気になるところについて，みなさんがいままでにしてみたことや，現在行っていることを話していただけますか？　その結果についても合わせてお願いいたします」

——知的能力・学習面，言語面・運動面，心理・社会面，健康面，生活面・進路面につ

いて，すべての参加者に順に尋ねる。

7．「援助チームシート」のD欄に記入する　　援助方針

「（D欄について）ひととおりオサムさんの様子がわかりましたので，これからのとりあえずの援助の大きな柱を考えてみたいと思います。オサムさんの援助について，いまいちばん大切なことは何でしょうか。どんなことでもかまいませんので，ざっくばらんに話し合いたいと思います」

8．「援助チームシート」のE・F・G欄に記入する　　援助案

「（E・F欄について）次に，オサムさんに対して自分が何をできるか，誰に何をやってもらうことができるか，すぐに実現できそうな小さな具体的な案を考えたいと思います」

「（G欄について）とりあえずの援助方針と援助案が決まりましたので，いつからいつまで行うかについて決めたいと思います。知的能力・学習面の①は，いつからいつまでにしましょうか。②は……。言語面・運動面の①は……。心理・社会面の①は……。健康面の①は……。生活面・進路面の①は……」

9．次回の日程を決める

「どうもありがとうございました。後日，今日の内容をまとめたシートをお渡しいたしますので，ご確認ください。次回の話し合いまではこの方針で援助を行い，やってみてどうだったかを次回に確認して，合わないところは修正したいと思いますので，よろしくお願いいたします。次回はいつごろにしましょうか……」──話し合って期日を決める。

10．終わりのあいさつ

「今日は，話し合いにご参加いただき，どうもありがとうございました。次回（○月○日）にまたお集まりください。よろしくお願いいたします」

3．作戦会議での話し合いのポイント

このように，作戦会議では，「援助資源チェックシート」や「援助チームシート」に記入しながら話し合いを進めていきます。以下に，シートの各欄に沿って，話し合いのポイントを示します。

■ メンバーの確認──「援助資源チェックシート」へ記入するときのポイント

援助資源チェックシートには，作戦会議のメンバーの名前をあらかじめ記入しておきます。そのほか，わかっている部分は事前に記入しておき，空欄だった部分は作戦会議で埋

まるようにしていきます。

　地域には，相談に乗ってくれる人，理解してくれる人，治療してくれる人，支え合える人，居場所を提供してくれる人などがいます。これらの人々が援助チームの一員として情報提供をしたり，実際の援助にかかわるようになると，援助の幅が広がります。また，地域の援助資源に目を向けるだけでも，行き詰まっていた援助に風穴が開くこともあります。

■情報のまとめ──「援助チームシート」Ａ・Ｂ・Ｃ欄へ記入するときのポイント

　作戦会議の目的は，子どもがどんなことに苦戦しているのかを適切にアセスメントを行い，「援助方針」と「学校内外の援助者の活用」について検討することです。援助者と援助者の連携を促進し，援助者間の情報伝達，援助チームシートによる連携を行うことで，援助サービスを充実したものにします。そこで，援助チームシートを使って，次の５領域について，できるだけ多くの具体的な情報を集めます。

１．知的能力・学習面（知能・学力，学習状況，学習スタイルなど）
２．言語面・運動面（言葉の理解や表現，腕と手の運動，上下肢の運動など）
３．心理・社会面（情緒面，ストレス対処スタイルなど，人間関係）
４．健康面（健康状況，視覚・聴覚の問題など）
５．生活面・進路面（身辺自立，得意なことや趣味，将来の夢や計画など）

　ただし，これらの欄が最初からすべて埋まることは滅多にありません。わからない部分は空白にしておくことで，何の情報が足りないのか，ということを明確にしていきます。

　特別な支援が必要な子どもの情報は，どうしても「あれもこれもできない」と，子どもの弱いところやできないところに目が行きがちです。確かにそのような部分は子どもの援助ニーズですが，それらに対して効果的な援助を行うためには，子どもの得意なこと，関心をもっていること（自助資源）を活用することがポイントとなります。そこで，子どものプラスの情報をたくさん収集することが，質のいい援助を行うために欠かせないポイントとなります。

■援助方針を立てる──「援助チームシート」Ｄ欄へ記入するときのポイント

　援助方針は，「将来，子どもが社会に出るときに，どうなっているか」という「未来像」を，関係者間で考える機会になります。その子の将来をどう見るかによって，「いま，何を，どうしたらいいのか」ということが変わってくるからです。例えば，先生から見れば「障害が重いので一般的な就職は無理ではないか。言われたことをコツコツとやる力をつ

けるほうが，作業所に行ったときに適しているのでは」と思っても，保護者は子どもが完全に自立できるようになることを望んでいて，作業所は考えていないかもしれません。そうすると，学校と家庭での方針に大きな溝が生まれてしまいます。子どもの「未来像」について，学校の方針と家庭の方針を確認することは，とても大切であることがわかっていただけると思います。方向性さえ確認できれば，細かい援助案はいろいろと工夫することが可能です。

　援助方針を話し合う際のポイントは，「こうなればいいな」という遠い将来の目標に対する保護者の願いを必ず尊重することです。この姿勢がないと，「保護者VS先生」という対立の構図になってしまいます。保護者がいちばん心配しているのは，自分の子どもの将来です。保護者は，生涯子どもの援助者です。そして将来，自分がいなくなり，子どもが残されたときのことを考えています。それなのに，「こういうふうにしたい」と保護者が希望するところを，「ダメです」と先生方が言ってしまうのは，保護者の心理としては，協力し合う気になれなくなってしまいます。

　また，ここ数年，発達障害の特性を考慮した単位制の普通高校が設立され始めています。現在の学習が遅れていても，適切な支援を受けて成長し，保護者の願いのように，本人に合った普通高校に進学できるケースも増えてきました。小中学生の時点で，むやみに将来の可能性を狭めてしまうことはあってはいけないと思います。「子どもの可能性」を信じていないと，信じていないことが保護者や子どもに伝わってしまい，援助がうまくいかなくなってしまいます。

　「保護者の願いを尊重すること」は，子どもや保護者の希望や自尊心を踏みつぶさないことにも通じる大切なキーワードです。

■ 援助案を練る──「援助チームシート」E・F・G欄へ記入するときのポイント

　援助方針が決まれば，援助案を考えることは大変楽しい作業です。

　援助案を考えるときには，その子どもが感じている不便さが少なくなるように，環境を整えることを目標にします。環境とその子の折り合いをつけていく作業ともいえるでしょう。特別な援助の場合，その効果が現れるまでには，時間が少しかかります。しかし，援助案がぴったりその子どもに合えば，子どもの行動にびっくりするほど効果が現れます。子どもを取り巻く環境調整がとても大切だということがわかります。

　また，それぞれの援助案に対して，「誰が」「いつ」「どのくらいの期間」実行するかを必ず確認します。一人ひとりの役割と責任を明確にしておかないと，援助案を話し合ったことに安心してしまい，実行にいたらない場合があるからです。

①「予防」に力を入れる

　発達障害などのある子どもが，しょっちゅうキレて暴力をふるうなどの状態にあるときは，環境との折り合いがつかずに，適応できなくなっていることを意味します。子どもがそのような状態になって初めて，「苦戦しているから何とかしよう」と援助を開始することが多いのですが，理想を言えば，問題状況が悪くなる前からの援助があると，子どもも保護者も先生もつらい思いをしないですみます。

　「予防」（前もって行う援助）のむずかしさは，「起きてしまったトラブル」は援助の結果が見えやすいのに対して，予防的なものというのは手がかかる割には目に見える成果が感じにくいことです。「普通に生活を送っている」というのが予防の効果ですから，予防のための援助を懸命にやってきても，その効果が，ことさらに取り上げられることはありません。先生方も時間的な余裕がないので，「ほんとうはここまでやらなくても大丈夫だったんじゃないの？」という意見が出たりもします。しかし，「この子はもう大丈夫」とみなされて，次年度に予防的取り組みが引き継がれなかったときに，大変な問題状況になったという例は数多くあります。問題状況に陥ると，子どもも保護者も先生方も，大変な労力と心の痛みを感じることになります。予防的なかかわりについても全員で情報を共有し，チーム援助を継続していくことは，大変有効な手だてとなります。

②長期的な視点をもつ

　世の中には，「変わった人」「意固地な人」「キレやすい人」「困った先生」「困ったカウンセラー」「困った会社員」などと言われる人がたくさんいます。しかし，仕事をすることができて，職場へ来ることができていれば，とりあえず問題にはなりません。「あの人はああいう人だから」と，その人の個性として受け入れられます。社会生活が送れなくなったときに，初めてそれが「問題状況」としてクローズアップされます。

　援助案を考えるときにも，子どもが社会に出たときに，「世の中」と折り合いをつけられることをめざして，将来の職業につながる能力を早い時期から見つけて伸ばしていくことが必要です。例えば，耳が過敏な子どもが，絶対音感があり調律の仕事に向いていることもあります。パソコンに没頭している子どもは，コンピューターグラフィックの制作やデジタル音楽のネット販売で，収入を得ることができるかもしれません。私たち大人は，学校という枠の中の感覚だけで子どもの様子を見がちですが，将来につながる子どもの感性を信じて，早いうちから伸ばしてあげる必要があります。すると，子どもが社会に出たときの可能性が広がります。子どものキャリアを考えるには，村上龍氏の『新　13歳のハローワーク』（幻冬舎，2010）が参考になります。

■作戦会議終了時のポイント
①シートの共有

　作戦会議終了後，会議で使ったシートは，メモをもとにコーディネーターまたは書記役の先生が清書して，話し合いに出席したメンバー全員に配ります（もちろん，メモをそのままコピーしてもかまいませんし，ノートパソコンに入力しながら会議をしてもかまいません）。保護者は，子どもに見られることを心配してシートを持ち帰りたがらない場合もあります。会議の前か後に必要かどうかを確認しておくとよいでしょう。反対に，「同じ学年の全部の先生に配って自分の子どもについてわかっていてほしい」「保健室の先生にも渡してほしい」などの希望が出た場合は，それらの先生にもシートを渡して援助資源となってもらいます。次回の話し合いのときに，シートを渡した先生方の名前を，援助資源チェックシートに加えるようにします。

②援助の継続

　それぞれの援助者は，作戦会議での援助チームシートの記入内容をもとに，子どもへの援助を継続していきます。少なくとも学期に1回程度は，援助チームでの話し合いを行い，子どもの状態に応じて援助方針・援助案・役割分担を修正していきます。

　上記のほかに，子どもの気持ちや行動に変化が見られたときや，進級・進学など次のステップへの移行時期などにも，援助チームでの話し合いを行います。

③チームの解散

　子どもの卒業などで援助が終了した場合は，各自が責任をもってシートを処分します。

4．作戦会議の頻度

　作戦会議をどのくらいの頻度で行ったらよいか，ケースごとに違います。援助方針や援助案が具体的に決まるまでは，毎週ないし隔週のペースで作戦会議を開くことができると理想的です。

①援助方針が決まるまで

　子どもの問題状況に気づいて援助チームを形成したときは，週1回程度継続することが理想です。保護者は，「次に会うことがわかっている」だけでも気持ちが落ち着きます。ともすると，「様子を見ましょう」となりがちですが，多忙な学校現場では様子を見ている間にあっという間に日にちが過ぎてしまい，子どもへの援助がなされないままに年度が終わってしまうことも多々あります。

②援助方針や援助案が決まってから

援助方針や援助案が子どもに合っているかどうかを確認するために,隔週ないしは1ヶ月に1回話し合いをもちます。そして,援助が子どもに合っていれば援助方針と援助案を継続し,合っていなければ援助案や援助方針を修正します。

③援助方針や援助案が子どもに合っていると確認できたら

特別な援助は長く続ける必要があります。学級担任や保護者と話し合い,援助方針や援助案が合っていることが確認できたら,学期に1回ないしは,体育祭や遠足,文化祭や修学旅行などの行事の前ごとに作戦会議をもちます。最低でも学期に1回は,作戦会議をもちたいものです。

5.作戦会議の留意点

作戦会議には,それぞれの業務に忙しいメンバーたちが,貴重な時間を割いて集まってきます。誰にとっても,集まってよかったと思えるような,有意義な話し合いの場にしたいものです。そこで,司会者(コーディネーター)と参加者(メンバー)は,次のような心構えをもって作戦会議に臨むとよいでしょう。

〈司会者の留意点〉

①話し合いのはじめに,会議の目的,会議で話し合うことを明確にする。
②時間に限りがあるので,必要であれば,検討事項の優先順位をつける。
③参加者の話題が問題の焦点からずれないように配慮する。(例:参加者が話し合いの子どもとは関係のない自分の体験談を話し始めたときには,長くなる前に打ち切る。)
④話し合いの話題が「情報のまとめ」→「援助方針」→「援助案」と流れるように進める。
⑤参加者の話し合いへの参加を促進し,参加者が攻撃されないように配慮する。
　(とくに,保護者や担任の先生が「つるしあげ」の対象にならないようにする。)
⑥参加者の意見を一つ一つ評価しない。
⑦自分の意見を述べるタイミングは慎重に計る。

〈参加者の留意点〉

①他者の意見を尊重し,他者の話を聞く(発言中に割り込まない)。
②自分の意見をタイミングを見て簡潔に話す。
③自分の意見と他者の意見との異同を考える。
④司会者が論点や話題をはずさないように,時間を守るように確かめる。

Column 1

コーディネーターの落とし穴

　チーム援助を進めていくうえで，コーディネーターが陥りやすいポイントがあります。注意しておきたい極端な例を2つ紹介します。

1．そのケースがよくわかる場合

　教育相談や特別支援教育の経験が豊富なコーディネーターの場合，自分が受けもったこれまでのケースとの比較から，この子はLDやADHDの傾向があるな，登校渋りがあるな，自尊感情が低いな，友達ができにくいななどと，ある程度のケースの見立てができてきます。そして，「これなら自分1人でも援助案が書ける」と思ってしまう場合があります。

　しかし，実は，これが危険なのです。自分1人だけで援助案が書けるのだったら，チームは必要ないわけです。

　コーディネーターは，事例についてある程度わかっていなければなりませんが，わかりすぎていると思うと，ほかの人の話が耳に入らなくなります。援助チームで話し合うなかで，せっかくいろいろ情報が出てきているのに，自分のこれまでの経験にだけ照らして，「これは例のあのケースに似ている」「自分の中のパターン2だ」のように判断してしまうことになります。これでは，チームの雰囲気も悪くなります。

　また，つい気合いが入りすぎて，自分に近い意見を言ってくれたメンバーには「先生，そうですよね，そのとおりです」となり，自分の意見と違うメンバーには「そういう意見もあります」となることもあります。

　これらは少し極端な例かもしれませんが，自分でもこのケースは経験があるなと思ったときには，自分にブレーキをかけるとか，あるいはほかの人に司会をしてもらうとか，いくつか工夫をすることが大切です。

2．そのケースがよくわからない場合

　例えば，ひょっとしたら虐待が疑われるかもしれないというケースに出合ったとき，これまで虐待について多少の援助の経験はあっても，ケースの対応に自信がない場合には，援助のコーディネーションをするのが不安になります。そのようなとき，自分1人の力ではどう

にもなりませんから，コンサルタント的な役割を果たしてくれる人を見つけることが大切です。

　例えば，虐待の問題について詳しい人にお願いして，援助のポイントを教えてもらったり，ケースについて相談したりします。あるいは，教育センターなどで，虐待のケースを経験したことのある方にお願いして，校内委員会に参加してもらったりします。ただし，このような外部のコンサルタント的な人を，毎回援助チームで呼ぶわけにはいかないので，校内委員会レベルの事例研究会などに，講師として呼ぶようにするといいと思います。

　また，援助チームのメンバーの中で，虐待を受けた子どもの援助を以前にしたことがある担任とか，これまでにこういうケースをいくつかもったことがある養護教諭がいるという場合には，その先生方に中心になって援助案を考えてもらい，コーディネーターは話し合いの流れをつくる人に徹すればよいでしょう。

　このような人たちがだれもいない場合に，「取りあえずやってみましょう」と援助を始めるのは，とても危険なことです。ですから，例えば校内の先生方はだれも自信がないのに，子どものケースについて作戦会議をもつことにした場合，「コーディネーターは，チームの話し合いをやると言ったけど，だれも虐待のことをわかっていないじゃないか」ということになりかねません。このようにチームのメンバーに思われてしまうと，次から話になりません。

　以上，両極端な2つの例を紹介しました。多くの場合は，ケースについてある程度はわかるけれど，それほどは自信がないということが多いと思います。皆さん，いろいろなケースに直面するので，自信があるケースも，ないケースも出てくると思います。子どもの抱える問題には，ほんとうに幅広いケースがあると思いますので，いま，どのような気持ちでケースに臨んでいるのか，コーディネーターとしての自分を振り返るときの参考にしていただければと思います。

2章 3節 援助チームの長期的な引き継ぎ
―― タテの援助チーム ――

　長期的な引き継ぎ（タテの援助チーム）とは，年度の変わり目などに，次の担当者にチーム援助の援助方針や内容をバトンタッチすることです。

　学校で行われる引き継ぎの多くは，校内外の人事異動に伴って行われます。具体的には，学級担任，学年主任，特別支援教育コーディネーター，養護教諭，教育相談担当，生徒指導担当，管理職の先生などが引き継ぎの対象になります。学級担任間の引き継ぎは必須ですが，それだけでなく，「援助チーム」としての引き継ぎを行うことが子どもの学校生活の質に影響します。

　いっぽう保護者は，必ず援助チームにメンバーとして残ります。つまり，保護者は一生変わらないその子どもの援助チームメンバーです。チームの1人として保護者が存在していることの大切さがここにもあります。

　引き継ぎのタイミングは年に2回あります。

●引き継ぎのタイミング

年度末……チームメンバーで，次年度に引き継ぐ内容を確認します。援助チームシートと援助資源チェックシートを活用すると適切に情報を引き継ぐことができます。

新年度当初……新メンバーの顔合わせを兼ねて，前年度から引き継がれたシートの内容を確認します。さらに，援助方針および援助内容を引き継いで行うことの合意を保護者にとります。

　新年度のスタートは，子どもにとっても教師にとっても，とても緊張するものです。援助ニーズの大きな子どもにとって，人的環境や物的環境はとても大きな意味をもっています。例えば，音に敏感な子どもは，静かな環境だととても落ち着きます。視線に敏感な子どもには，ついたてを立てるだけでも部屋の居心地がよくなります。ストレスを言語で表現することが苦手な子どもは，遊びや運動を通してストレスを発散できることがあります。

　このような情報が適切に引き継がれていることで，進級や進学をスムーズに乗り切ることができます。

1. 学年間の引き継ぎ

　新学年のスタートに当たり，子どもの状況や，それまで行った援助の結果を，事前に知っているのと知らないのとでは，援助のスタートに雲泥の差がつきます。うまくいっている援助はそのまま継続し，前に試してみて効果的ではなかった援助は行わない工夫が必要です。次に，望ましい引き継ぎの例を説明します。

■STEP 1　シートの引き継ぎ

　援助チームの引き継ぎでは，シートをできるかぎり利用します。「次の年度にも，いま行っている援助を継続していきたいので，関係する職員にシートを配付してもよろしいでしょうか」と，あらかじめ保護者の了解を得ておくとよいでしょう。新しく子どもとかかわる職員も含めて，チーム全員がシートをもてるようにすると，スムーズに援助を引き継ぐことができます。

●引き継ぎに利用するシート

援助資源チェックシート

　引き継いだシートをもとに，どんな友達と仲がよくて，今回のクラスにはこの子どもの援助にかかわれるクラスメートがいるかどうかなどを話し合います。また，関係のよい職員の情報も集めます。

援助チームシート５領域版・個別の指導計画シート

　引き継いだシートをもとに，子どもの得意なことやいいところを把握します。そして苦手なところについても把握します。いままで行った援助でよかったことやうまくいかなかったことなどについても情報を把握します。また，学年全体で行っていた援助方針も把握します。最後に細かい援助案について確認します。

■STEP 2　情報の共有

　前年度の援助チームシート等を引き継いだら，学年会や校内委員会で情報を共有します。配慮が必要な子どもであることを新しい学年の先生全員で再確認し，「いま，落ち着いているのは，前年度の先生方の援助がその子どもに合っていたから」ということを確認します。

　次に，特別支援教育コーディネーターが，その子どもの発達上の特性について学年の先

生方に説明し，子どもに合っている援助については引き継いでいくことが望ましいことを伝えます。そして，子どもへの援助方針を学年で統一しておきます。援助方針が統一できると，援助がうまく進みます。

STEP 3　保護者との個人面談

　新学年のスタートにあたって，新しい担任が保護者と面談を行います。同時に援助チームのコーディネーター役の特別支援教育コーディネーターか，学年主任または教育相談係等が，保護者と面談をもつことが望ましいです。家庭での様子や学校で配慮したほうがいいこと，医療機関に通っている場合には，医師の所見などについて保護者から聞き取ります。その後，保護者が困っていることや願い等について聞きます。

　この面談は，次の3つの目的をもちます。

> 1　家庭での子どもの様子や，これまでの援助過程の情報収集
> 2　保護者との信頼関係つくり
> 3　保護者の子どもに対する援助ニーズや思いや願いの把握

　したがって，保護者と面談する先生は，保護者の労をねぎらい，「やさしいまなざしを向けて，訴えに耳を傾け，日ごろのかかわり方をほめます」。やさしいまなざしで迎えられてうれしくない保護者はいません。怒りを直接向けてくる保護者は，「学校にそれだけ期待をしているから，怒りが湧いてくるのだ」ととらえると，こちらにも余裕が生まれてきます。

　新しい担当者が面談をする場合には，前担当者からいままでの援助の経過について十分に聞いておきます。引き継ぎが十分でないと，「毎年同じことを学校から聞かれるのが苦痛だ」「1年進級するごとに同じ話を学校から尋ねられると，ほんとうに引き継ぎがなされているのか不安になる」などと，保護者の信用を失う場合があります。

　前項でも書きましたが，引き継ぎには援助チームシートを活用するとスムーズです。保護者にもそのシートを見せながら，わからないところをさらに詳しく尋ねるなどすることで，保護者には「わかってくれている」と安心感をもってもらえます。

STEP 4　援助チームの作戦会議をもつ

　子どもへの援助の方向性が教師間に共通理解されてから，保護者を含めた援助チームの作戦会議をもちます。担任，保護者，学年主任，養護教諭，特別支援教育コーディネーターなどが代表的なメンバーです。場合によっては，担任，保護者，特別支援教育コーディ

ネーターの3者でもいいでしょう。

「落ちついて新学期を迎えられましたが，学校では引き続き援助を継続していきたいので，今日は話し合いの場をもちました。よろしくお願いします」と，司会役（特別支援教育コーディネーター）が口火を切ります。そして，この子どものいいところや苦手なところを確認し，これからの援助方針を話し合います。

最初は，毎年チームを立ち上げるのが大変だと思われるかもしれません。しかし，ほんの少し時間を割いて援助を継続できれば，子どもは落ち着いて生活していくことができます。そのうえで，たんたんと援助を継続していけば，小さな変化を見逃さずにすみます。最初に力を注げば，あとは子どもも家族も落ち着いた生活を送る可能性が広がります。

2．校種間の引き継ぎ

発達障害などがあり苦戦している子どもたちは，環境に適応することが苦手です。上級学校への進学という大きな環境の変化を乗り越えるには，学校間で情報の引き継ぎがなされることが求められます。ただし，子どものプライバシーにかかわる情報もありますから，引き継ぎの際には，どんな内容を引き継ぐのかを保護者に事前に伝えて，許可をとっておくとよいでしょう。

■幼稚園・保育所から小学校へ

発達障害などがある子どもたちの多くは，幼稚園や保育所のころから苦戦する様子が見られます。具体的には，1人でぽつんとしていたり，順番を待てなかったりして，保護者は，どこか自分の子どもはほかの子どもたちよりも適応しにくいとうすうす感じているようです。しかし，この年齢では子どもはまだ落ち着きのないことが多いため，保護者に相談された幼稚園や保育所の先生が，「気にしすぎですよ」と答えることも多いようです。

幼稚園や保育所の先生は，保護者の心配や感覚を否定しないで，「保護者の方はこのようなことに不安をもっていらっしゃるようです」と，小学校の先生に伝えておくことが大切です。最近は，保護者から「園でのいまの様子を小学校の先生にぜひ伝えてください」との要望が出ることも増えています。

■小学校から中学校へ

小学校から中学校への引き継ぎは，最も多く行われていると思います。小学校の高学年

になると，成長とともに，友達間で行われるコミュニケーションが複雑になります。そのため，場の雰囲気が読めなかったり，秘密をすぐにしゃべってしまったりしがちな子どもたちは，仲間から受け入れられず友達関係を築くことに苦戦しがちです。その結果，二次障害が発生し，いじめや不登校へと進んでいってしまうことがあります。

　小学校でそのような問題状況を抱えてしまっている場合には，状況を中学校に伝えて援助の内容を引き継ぎます。現在は問題状況になくても，中学校に入学してからの問題状況が心配される場合には，小学校でこれまで行ってきたかかわりや子ども本人の人間関係について中学校へ伝えます。環境に左右されやすい子どもたちにとって，身近な環境は重要なパートナーです。引き継ぎが行われていると，クラス環境をどのように整えていったらよいのかなど，中学校側でも大変参考になります。

■中学校から特別支援学校へ

　中学校のときに普通学級に在籍していた子どもが，将来の進路を見据えて，特別支援学校に進学することも増えてきました。特別支援学校は，障害種に応じた教育を専門とする学校ですが，これまでの子どもの援助や成長の記録が必要です。できるだけ多くの情報があることが，子どもにぴったりした援助を行う鍵となります。

■中学校から高校へ

　発達障害などがある子どもも，知的能力を生かして普通高校に進学することがよく見られます。この場合には，高校に入ってから，級友や先生方との対人関係に苦戦することが多いようです。保護者の了解を得て，必要な情報を高校側へ伝えておくと，高校の先生方からの誤解が少なくなります。保護者が直接高校に出向いて，これまでの中学校での援助内容を学校に伝え，中学校と同じ援助を継続してもらうように要請することも，場合によっては可能です。なかには，中学校で行っていたように，高校でも学期に1回ずつ援助チーム会議を開いてもらい，高校生活で大きなつまずきもなく，大学まで進学したケースもあります。

援助チームシートの記入例　一覧

「援助チームシート」（P27参照）の記入例を，日ごろより特別支援教育にかかわりの深い先生方から集めました。どんなことを書けばいいかわからなくなったときに，また，「このような見方もあるのか」という再発見につながれば幸いです。

知的能力・学習面

子どものいいところ（A）

■得意（好き）な科目・自信があるもの
【教科全般】成績上位。　得意な教科がある。　むずかしい問題が解ける。　理解が早い。　博学（動物・昆虫・電車など）。　一度覚えると忘れない。　本をたくさん読む（解説書や専門書）。　発表が上手。　たくさん意見を言う。　想像力がある。　【国語】朗読が上手。　漢字検定2級（むずかしい漢字がわかる）。　作文がうまい。　【算数・数学】計算が正確・速い。　図やグラフをきれいに書く。　【理科】実験が好き。　細かい部分まで観察する。　【社会】地理や歴史をよく知っている。　【外国語】英語でやりとりできる。　発音が上手。　【体育】機敏。　走るのが速い。　持久力がある。　【音楽】音感がよい。　楽譜を見ないで曲をひける。　【図工・美術】絵や工作が得意。　見たものを忠実に描写する。　色づかいが独創的。　【家庭】工夫して調理する。　手芸が得意。

■やりやすい学習方法
【学習全般】言葉で理解する。　図や絵や写真を見て理解する。　具体例や手本があると理解しやすい。　1つずつ順番に理解する。　見たもの全体から理解する。　見たこと・聞いたことをすぐに覚えられる（短期記憶が強い）。　1対1で説明すると理解しやすい。　体験型学習は理解が高い。　時間を区切って取り組むと集中できる。　落ち着かないときは1人で集中できる場所に行く。　別室でテストを受ける。　【読み書き】自分のルールで文字を分割すると覚えられる。　書き順にこだわらなければ書ける。　指で文字を追うと読みやすい。　作文は本人が口述したことをメモしてあげると書くことができる。　【計算】指を使うと計算できる。　自分でルールを見つけて九九を覚えている。　文章題は図などでイメージさせると解ける。　数直線を利用すると視覚的にイメージしやすい。　計算手順を言語化すると覚えられる。　問題文を読んでもらうと解ける。

■学習意欲
【学習全般】授業を休まない。　勉強をいやがらずまじめにやる。　集中力がある。　課題を最後までやり通す。　先生の話を一生懸命聞く。　積極的に発表する。　板書をきちんと写そうとする。　好奇心が強い。　積極的に調べる。　宿題を忘れない。　こつこつ努力する。　テストに熱心に取り組む。　【場や状況】ほかの子どもの目が気にならないようにすると取り組みやすい。　少人数グループ（2～3名）だと学習できる。　仲間と協力して学習できる。　家庭では落ち着いて学習できる。　特別支援学級では落ち着いて授業を受ける。　【教材や課題】字を大きくする，余白を多めにする，問題数を減らすなどするとやる気になる（プリントの工夫）。　制限時間を設けるとモチベーションが高まる。　授業の終わりにお楽しみがあると最後まで取り組める。　パソコンの操作を入れると興味がもてる。

気になるところ（B）

■成績の状況や学習の様子
【成績や学習の状況】全般的に遅れが大きい。　特定の教科に遅れがある。　学習のペースがゆっくりである。　見たこと・聞いたことをすぐ忘れる（短期記憶が弱い）。　聞き間違いが多い。　説明が苦手。　人前で発表するのがむずかしい。　文字を読むことをいやがる。　字を書くことをいやがる。　板書をノートに写すのが苦手。　聞いたことをメモするのが苦手。　漢字を正確に書けない。　課題の量が多いと取りかかれない。　テストの設問の意味を質問することが多い。　【授業中の様子】教室から出歩く。　授業中に寝ている。　いすを揺らし続ける。　ずっと歌を歌っている。　勉強に関係ない話をつぶやき続けている。　興奮して泣き叫ぶ。　反抗的な態度が目立つ。　消極的。　テストの結果を過度に気にする。　訂正・やり直しができない。　間違うことを極端にいやがり正解を見たがる。　教師が教えたとおりにやらない。　一斉指示で動けない。　学習用具を忘れる。

■苦手・遅れが目立つ科目など
【国語】読み間違い・書き間違いが多い。　音読が苦手。　縦書き（または横書き）が苦手。　読解が苦手。　慣用句や助詞を正しく使えない。　抽象的な表現が読み取れない。　登場人物の気持ちがわからない。　漢字の部分的な誤りがある。　漢字を使えない。　はね，とめ，はらいに必要以上にこだわる。　作文が書けない。　辞書を使えない。　【算数・数学】計算間違いが多い。　暗算が苦手。　位取りを誤る。　九九が暗唱できない。　かけ算・割り算・分数・小数点が苦手。　文章題は見ただけでやろうとしない。　考える問題が苦手。　図形問題が解けない。　○や□をうまく書けない。　定規を使って直線がうまく引けない。　コンパスがうまく使えない。　【その他】アルファベットが書けない。　英単語を覚えられない。　楽器の演奏が苦手。　書道が苦手。　体育の授業に参加しない。

■学習意欲
勉強する意義を感じていない。　特定の教科の意欲が低下している。　授業中は元気がなくなる。　学習に手をつけない。　集中できる時間が短い。　意欲にムラがある。　むずかしい問題を解くことをすぐにあきらめてしまう。　間違うことを極端に嫌う。　いい点をとりたいという気持ちが強すぎる。

してみたこと（C）・これからの援助で何を行うか（E）

■環境整備
座席の位置を一番前や一番後ろにする（ストレスのかからない座席配置）。　気が散らないように余計なものをしまう（教室の環境整備など）。　説明の際にキーワードやマークを表示する。　板書をシンプルにする（情報提示の工夫）。　最初に授業の流れを説明して見通しをもたせる。　何か取り組む前に担任が手本を見せる。　チームティーチングを取り入れる。　1対1の指導・個別指導・別室指導・少人数指導を取り入れる。　教科担任や学生ボランティアの協力を得て個別学習を進める。　教師間で引き継ぎノートを活用し，計画的に個別学習を行う。　保健室や相談室でプリントや問題集を使った自習を行う。　特別支援学級での学習を勧める。

■学習方法の工夫
各教科担任から授業の様子を聞く。　わからない教科や単元を子どもと確認する。　各教科担任から補助教材を提供してもらう。　プリントを読みやすく工夫する（大きさ・字数・課題量・字体・色など）。　音読にスリット（切り込みが入った紙）を使用する。　図工では人物や風景を写真に撮ってから絵にする。　工作のイメージを，教師と一緒に設計図にする。　テスト問題は大きめに作成し，課題を個別に出す。　解答した後に本人の考え方を言ってもらい，解き方を確認する。　特別支援学級と指導方法についての情報交換をする。　本人に合った勉強方法を提供するために知能検査を実施する。

■学習意欲を高める工夫
できていること，好きなこと，自信のあることをほめる。　答えられる問題を出す。　ちょっとむずかしい問題を出す。　漢字にふりがなをふっておく。　1つの課題を10〜20分でできるように設定する。　少しずつ勉強時間を延ばす。　制限時間をなくす（時間内に終わらないときは宿題や放課後にやってよいことにする）。　ノートやプリントの誤答に赤で×をつけないようにする。　毎日の学習予定を自分で決める。　学習に遊びの要素を取り入れる（なぞかけやクイズ形式の学習）。　問題が解けるまで励ましながら指導する。　「いまの説明の仕方，いいねえ！」「むずかしい漢字が書けたね」「やったね！」「うまくなったね」「速くて正確だったね」など，具体的に短い言葉でほめる。　グループ活動を一緒に行うメンバーに配慮する。　好きな（得意な）教科の授業から徐々に参加させる。　個別学習を行うことに対する子ども本人の気持ちを確認する。

■取り組む学習内容
計算練習。　暗算練習。　検算の癖をつける。　本を読む。　新聞を読む。　漢字練習。　スピーチ発表の練習。　暗記の練習。　少しずつ速く走る練習。

■宿題・家庭学習の工夫
宿題の量を調整する。　本人と話し合って取り組み可能な宿題を決める。　目標とごほうびを決める（宿題が終わったらゲームができるなど）。　保護者と一緒に本を読んで感想文を書く。　作文のワークブックを行う。　辞書（電子辞書）を使う練習をする。　音読の練習をする。　プリントを中心に自習を進める。　毎回同じ形式のプリント学習を出す。

■補充学習
放課後や土曜日に，苦手な教科の補習を行う。　登校できない場合は適応指導教室で基礎的な学習を行う。　家庭教師による週2回程度の援助を家庭で行う。　進路希望に即した必要最小限の範囲の補習を行う。　宿題と補充学習が重なると負担が大きいので，調整しながら行う。

言語面・運動面

子どものいいところ（A）

■言葉の理解や表現
【理解】話している人に注目できる。　説明をよく理解している。　わからないときは質問する。　むずかしい言葉を知っている。　語いが豊富。　比喩が使える。　本をたくさん読む。　音読が上手。　抽象的・概念的な文章の理解が得意。　【表現】大きな声ではっきりと話す。　話題（知識）が豊富。　筋道を立てて説明できる。　気持ちを言葉で表現できる。　敬語が使える。　決められた時間内に話ができる。　物語や空想の内容に独創性がある。　事実に忠実に記録する。

■腕と手の運動
鉛筆でスムーズに書ける。　サインペンなどを上手に使いこなす。　ぬり絵（書き写し）が得意。　折り紙を折れる。　あやとりが上手。　キーボードを速く打てる。　工具・調理道具・裁縫道具などが上手に使える。

■上下肢の運動
【姿勢など】立つ姿勢・座る姿勢が安定している。　一定時間，同じ姿勢を保てる。　体の力を緩めることができる。　身体が柔らかい。　指示どおりに体を動かせる。　相手の動きを真似できる。　【手足や全身を使った運動】動きが素早い。　スローモーションの動きができる。　走るのが速い。

ジャンプ力がある。　マット運動が得意。　腕の力が強い（ぶら下がる・よじ登る・ひっぱる）。　平衡感覚がよい。　【道具を操作する運動】投げる・蹴るなどが上手にできる。　ボールコントロールがよい。　ドリブルを長く続けられる。　ボールへの反応がよい。　縄跳びが跳べる。

気になるところ（B）

■言葉の理解や表現
【理解】自分に向けて話されていることがわからない。　聞き間違いが多い。　勘違いが多い（聞いたことを正しく理解していない）。　意味を知らない言葉が多い。　長い話を最後まで聞けない。　忘れてしまって同じことを何度も聞く。　指示を聞いてから反応するまでに時間がかかる。　言葉を字義どおり受け取る。　冗談がわからない。　大事なことと些細なことの区別がむずかしい。　【表現】「さ」行が発音できない。　言い間違いが多い。　言葉を誤って覚えている。　助詞の使い方を間違える。　話があちこちに飛ぶ（順序立てて話せない）。　言いたいことをうまく言葉にできない。　気持ちを言葉で表現できない。　言いたいことを忘れてしまう。　何度も同じ話をする。　声が小さい。　人前だと話せない。　話しすぎる。　知らない人に突然話しかける。　復唱ができない。　敬語を使えない。　要点が話せない。　会話がずれる。　言いたいことが言えない。　むずかしい言い回しをする。　子ども同士の会話が成り立たない。

■腕と手の運動
箸が正しく持てない。　ボタンが留められない。　ちょうちょ結びができない。　制服のネクタイが結べない。　筆圧が弱・強すぎる。　運筆がたどたどしい。　色ぬりが雑。　十字が書けない。　円や直線が書けない。　定規やコンパスが使えない。　はさみやのりがうまく使えない。　紙飛行機が折れない。　コマが回せない。　トランプがきれない。

■上下肢の運動
【姿勢など】いつも体のどこかが動いている。　体がグニャグニャしている（軸が安定しない）。　緊張していて体が硬い。　「気をつけ」の姿勢で体がフラフラする。　いすにまっすぐ腰かけられない。　友達にもたれかかる。　すぐ肘をつく。　体育座りができない。　体が硬い。　左右を混乱する。　人の動きを見て真似ができない。　【手足や全身を使った運動】よく転ぶ。　ものにぶつかる。　長く歩けない。　走るのが遅い。　行進の手足がバラバラになる。　足を交互に出して階段を上がれない。　つま先立ちができない。　片足立ちができない。　立ったままでくるりと回れない。　両足をそろえて前に飛べない。　ジャンプができない。　片足で跳べない。　スキップができない。　リズムがとれない。　腕の力が弱い。　鉄棒などに両手でぶら下がれない。　ブランコに立ち乗りしてこげない。　前転ができない。　バタ足ができない。　【道具を操作する運動】投げる・蹴るが苦手。　ボールをつけない。　ボールへの反応が鈍い。　縄跳びが跳べない。　よく空振りをする。

してみたこと（C）・これからの援助で何を行うか（E）

■言語面の援助
話す前に子どもの注意を引く。　簡潔に説明する。　ゆっくり説明する。　身振りやサインを添えて説明する。　説明に図やイラストを用いる。　机間指導の際にさりげなく個別にも説明する。　指示をメモで渡す。　板書を読みあげる。　板書を写すための時間を多めにとる。　ノートに写す部分を色チョークやアンダーラインで示す。　板書と同じ内容のプリントを作って渡す。　子どもの言い間違いを否定しない。　ゆっくり話せる環境を保障する。　発表の話型などを教室に掲示しておく。

■運動面の援助
机やいすの高さを調整する。　体を静止させる練習をする。　動きのポイントを，単純化したキーワー

ドでわかりやすく示す。　キャッチボールやラリーでは，教師とペアを組んで記録を伸ばす。　苦手でも参加しやすいルールを工夫する。　苦手な体育の種目では，作戦や用具の準備を担当する。　リコーダーの代わりにキーボードで合奏に参加する。　鉛筆にグリップを付ける。　靴の紐結びを練習する（左右の紐の色を変える）。　使いやすい道具を工夫する（絵の具，調理用具など）。

心理・社会面

子どものいいところ（A）

■性格のいいところ
やさしい。　おっとりしている。　素直。　実直。　几帳面。　繊細。　慎重。　責任感が強い。　正義感が強い。　礼儀正しい。　活発。　伸び伸びしている。　楽天的。　好奇心旺盛。　ひょうきん。　ひとなつこい。　いつもニコニコしている。　思いやりがある。　思慮深い。　人を悪く言わない。　友達に意地悪をしない。　友達思い。　家族思い。　情緒が安定している。　話し好き。　話題が豊富。　思い切りがよい。　機転がきく。　感受性豊か。

■楽しめることやリラックスすること
迷路。　ジグソーパズル。　ブロック。　プラモデル。　鉄道模型。　あやとり。　ぬり絵。　小物や文房具の収集。　カードゲーム（キャラクターなど）。　テレビゲーム。　パソコンで動画を見る。　絵本や写真集を見る。　本を読む。　PCで情報を調べる。　調理学習。　お楽しみ会。　昼寝。　逆立ち。　高いところに上る。　狭いところに入る。　電車に乗る。　友達と遊ぶ。　だじゃれ。

■人とのつきあい方
人と一緒にいるのが好き。　1対1だと素直に話せる。　友達とメールをする。　自分の意見をはっきり言う。　相手の好みや要望に合わせられる。　集団に合わせて行動できる。　場面に合った行動がとれる。　リーダーシップをとる。　同性と仲よくできる。　年下の子の面倒見がいい。　お年寄りにやさしい。　親の言うことを聞く。　信頼している大人や友達がいる。

気になるところ（B）

■性格の気になるところ
気持ちの切り替えが苦手。　何事にも消極的。　無関心。　落ち込みやすい。　口数が少ない。　わざとルール違反をする。　対人緊張が高い。　自己否定が強い。　自罰傾向がある。　ものごとに固執する。　融通がきかない。　がんこ。　イライラしやすい。　助けを求めることができない。　「いや」と言えない。　自信がない。　すぐに人に頼る。　何かするときは必ず大人に確かめる。　失敗を恐れる。　おどおどしている。　わがままである。　すぐ怒りが爆発する。　空想に走る。

■気になる行動など
気が散りやすい。　キレやすい。　言葉使いが乱暴。　いつでも敬語を使う。　たたいたり蹴ったりする。　爪をかむ・毛を抜く（自傷行為）。　鉛筆をかじる・鼻くそを食べる（異食）。　いやなことを突然思い出す（フラッシュバック）。　パニックになる。　人ごみが苦手。　列に割り込む。　ジャンケンで勝負を決められない。　遊びのルールが理解できない（守らない）。　勝手にルールを変える。　ルールにこだわりすぎる。　いつもと同じ段取り（儀式のような一連の行動）に執着。　好きな分野について話が止まらない。　人の意見・助言を取り入れない。　思いこみが強い。　すぐに謝れない。　しかられて笑い顔になる。　表情が乏しい。　人の物を勝手に手に取る。　人の着替えをじっと見つめる。　無意識に性器を触る。　異性交遊。　登校をしぶる。　1人でフラフラとどこかへ行ってしまう。

■人とのつきあい方
親しい友達がいない。 自分から話しかけない。 話しかけられても無視する。 すぐに人にちょっかいを出す。 嫌いな相手の誘いでも断れない。 相手の言葉を鵜呑みにする。 何でも自分のことを話してしまう。 人を信用しない。 話し方が一方的。 「○○していい?」と許可を求めることができない。 相手に接近しすぎる。 親しくない人になれなれしくしてしまう。 相手がいやがっていることに気づかない。 人にどう思われるかを気にしない(鈍感)。 秘密が守れない。 すぐに言い訳をする。 失敗を人のせいにする。 責任感・思いやりに欠ける。 弱い子をいじめる。

してみたこと(C)・これからの援助で何を行うか(E)

■情緒面の援助
教室以外に安心して話せる場所と人を保証する(保健室・相談室など)。 子どもが大事にしていること,興味をもっていることを,教師が興味をもって聴く。 担任と子どもの2人の時間をつくる。 パソコンのチャットやメールを使って子どもと会話する。 家庭訪問で時間をかけたゆっくりしたかかわりをしていく。 いまできていることを認める(少しの努力で達成可能なところに目標をおく)。 小さなことでも皆の前でほめる。 気持ちの言語化を手伝う。 失敗やそれに対する本人の否定的な感情を受け入れる。 「失敗や間違いは恥ずかしいことではない」というメッセージを伝える。 小さなことでも自分で選んで決められるようにサポートする。 強く怒ることも,過剰にほめることもせず,淡々と生徒の存在を認める。 登校時に,子どもの顔色や表情,身体の動きなどにいつもと違う様子はないか注意する。 子どもが落ち着かないときは,時間と場所を決めてクールダウンさせる。 トラブルはその場ですぐ解決する。

■対人関係の援助
学級でソーシャルスキルトレーニングを行う(近くの座席の人の名前を覚えてあいさつをするなど)。 遊びのルールを絵に表して状況の理解を助ける。 担任も参加して集団遊びなどに誘う。 日記などを用いて,日ごろから生徒の状況を理解する。 対人関係のトラブルを避けるために,座席やグループ分けの配慮を行う。 友達とのかかわりで問題が生じたときに,相談する人を決めておく(担任など)。 段取りをつけ,不測の事態をできるかぎり避ける。 いじめの可能性に常に注意を払う。 予防策として,いじめの事情調査および友人関係の調査をする。 ストレス発散の遊びの機会を設ける。 怒りのコントロール方法を相談して決めておく(ヘッドフォンで音楽を聞く,クールダウンのための小さな空間を用意するなど)。 社会的に受け入れがたい問題行動(着替えを見つめる,女児に抱きつく等)は,より適切な行動を学習させる。

■パニックの予防と対応
毎日必ずほめる。 小さなできたこと・がんばりをほめる。 こだわりを否定しない。 初めての活動では,事前に具体的に内容を伝えて不安の軽減を図る。 苦手なことを始めるときは,ウォーミングアップとクールダウンの時間をとる。 困ったことを相談する人・時間を確保する。 パニックを起こしそうになったときの対処法を本人と決めておく(机の下にもぐる,回転いすに座ってぐるぐる回るなど)。 パニックを起こしたら,その場から離れさせる(水を飲ませる,トイレに行かせる,保健室に行かせるなど)。 パニックが落ち着くまで,危険がないときはかまわないようにする。

■面談などの実施
本人の訴えをよく聴き受容的にかかわる。 スクールカウンセラーが面接する。 子どもの友人と情報交換する。 差別的な発言があった場合は指導する(学級全体への指導と個別の指導)。 保護者と情報交換する。 保護者がこれまで子どもの成長をどうとらえてきたかを理解する。 家庭訪問や保護者面接を継続する。

健康面

子どものいいところ（A）

■体力や健康状況
血色がよい。　体力がある。　風邪を引きにくい。　体調を崩すことが少ない。　具合が悪いときは無理をしない。　生活リズムが整っている。　寝つきがよい。　朝のめざめがよい。　十分な睡眠がとれている。　食欲がある。　よく食べる。　食べ過ぎない。　排便のリズムがとれている。

■健康維持に役立つこと
体調不良を自分から訴える。　症状を人に伝えられる。　健康診断をきちんと受ける。　給食を残さず食べる。　食べ物の好き嫌いが少ない。　休み時間は外に出てよく遊ぶ。　毎日決まった運動をする（縄跳び・散歩など）。　清潔好き（手洗い・歯みがきをまめに行う）。

気になるところ（B）

■心配なところ
顔色が悪い。　疲れやすい。　眠そうにしている。　太りすぎ・やせすぎ。　過食や拒食傾向がある。　食欲がない。　好き嫌いが激しい。　早食い。　食が細い。　トイレに行かない。　眠れない。　朝起きられない。　けがをしやすい。　骨や関節が弱い。　具合が悪くても休まない。　発熱しにくい（病気が重症化しやすい）。

■こだわりや癖
特定の音に敏感に反応する。　聴覚・視覚に過敏さがある。　体に触られるのをいやがる。　味覚過敏がある。　口の中の唾液で遊ぶ。　自傷行為（体のかきむしり，リストカット等）がある。　テレビを斜めから見る。　健康診断を受けない。　風呂に入らない。

■気になる体の症状
見えにくさ・聞こえにくさ。　頻繁な頭痛・腹痛。　下痢・便秘をしやすい。　神経性胃炎による嘔吐。　過敏性腹痛。　自律神経失調症。　起立性調節障害。　貧血。　低血圧。　アレルギー。　アトピー。　喘息。　糖尿病。　心臓病。　チック。　てんかん。　夜尿症。

してみたこと（C）・これからの援助で何を行うか（E）

■健康面の援助
毎日十分にがんばっていることをねぎらう。　無理をさせない。　疲れたときにはしっかり休みをとらせる（保健室での休養，早退による休養）。　体育では自分で運動量を調整させる。　病気のときにはきちんと休むように伝える。子どもが自分で体調の変化に気づき，訴えることができるようにする。「生活チェック表」を用いて，規則正しい生活を支援する。　就寝時間・起床時間・食事時間などをスケジュール帳にメモさせてチェックする。　歯みがきの時間に音楽を流して習慣づける。　味覚過敏がある場合，給食は食べられるメニューのときだけ出し，ほかの日は弁当を持参する。　感覚過敏がある場合はスキンシップはしない。　聴覚過敏がある場合は，耳栓を使用する。

■保健室と連携して
保健室の利用の仕方を本人と「約束」する（枠組みづくり）。　授業中に保健室に来たときは，内線電話で担任と所在の確認をする。　保健室では身体的な訴えによく耳を傾ける。　身体症状を継続的に観察する。　健康診断を定期的に行う。　内科検診や歯科検診を子どもがいやがらないよう，図を使っ

て事前に説明しておく。　トイレの使い方を写真を使って教える。　排泄の失敗があってもしからず，「大人でも失敗がある」ことを話して劣等感をもたせない。保護者に対して養護教諭から生活習慣のアドバイスを行う。　保護者が気になっていることを相談できるように専門機関を紹介する。　医療機関を紹介して受診を勧める，医療機関の受診予約を早める。

生活面・進路面

子どものいいところ（A）

■日常生活の自立
朝は自分で起きる。　就寝時刻が決まっている。　服装を自分で決める。　身だしなみに気を遣う。　食事をきちんととる。　薬を忘れずに飲む。　近所の人や友達にあいさつする。　学校まで1人で通える。　電車やバスに乗れる。　1人で買い物ができる。　予定を守る。　時間の見通しをもてる。　小遣いの管理ができる。　電話の受け答えがしっかりしている。　部屋がきれい。

■得意なことや趣味
イラスト。　工作・日曜大工。　お菓子づくり。　裁縫。　音楽を聞く。　カラオケ。　楽器の演奏。　スポーツ。　オセロ・将棋。　生き物の世話。　○○博士（昆虫，海洋生物，恐竜，鉄道）。　アニメ・キャラクター。　アイドル。　お笑い。　ものまね。　ファッション。　カメラ。　読書。　お話づくり。　パソコン。　HPやブログの作成。　TVゲーム。　バーチャルペットの飼育。

■将来の夢やあこがれの人
サラリーマン。　ショップ店員。　スポーツ選手。　美容師・ネイルアーティスト。　シェフ。　パン職人。　調理師。　栄養士。　プログラマー。　アナウンサー・声優。　漫画家・作家。　歯科衛生士。　動物の調教師。　環境保護に取り組む人。　学者。　教師。

■役割・ボランティア
決められたことを守る。　任された仕事を責任をもって行う。　日直や当番の仕事を忘れずに行う。　係や委員会の仕事に積極的に取り組む。　遊んだ後に片づけをきちんとする。　本棚の本をきちんと並べる。　生き物の世話をきちんとする。　毎朝自主的に生徒玄関を掃除する。　家の手伝いをする。　きょうだいの面倒を見る。

■進路希望
進路選択に意欲的である。　進学の希望が強い。　自分の進路を真剣に考えるようになった。　関心のある分野がある（○○大学○○学部志望）。　○○社就職志望。　高等学校卒業程度認定試験（大検）の受験希望。　資格取得希望。

気になるところ（B）

■日常生活
ゲームのしすぎなどによる昼夜逆転。　遅刻が多い。　食事をとらない。　極端な偏食。　身支度に時間がかかる。　身だしなみが整わない。　トイレの後に手を洗わない。　風呂に入らない。　部屋が散らかっている（整理整頓ができない）。　服がたためない。　使った物を出しっぱなしにする。　寄り道して目的地にたどりつかない。　1人で学校へ行けない。　1人で外出できない。　電車やバスに乗れない。　自転車の運転が危なっかしい。　地図が読めない・道に迷う。　曜日を覚えていない。　時計・カレンダーが読めない。　予定を忘れる。　時間に無頓着。　予定変更についていけない。　物

をなくす。　無駄遣いをする（金銭感覚）。　店（ゲーム・本）に入り浸る。　店員に声をかけられない。　電話に出られない。

■目標や希望の有無など
将来についてイメージできない。　進級や進学するという自覚がない。　ただ漠然と進学を希望している。　特定の進学先や就職先にこだわる。　反社会的な言動にあこがれる。　戦争や兵器に強い関心を示す。　進路と本人の実態がミスマッチである。　親と進路希望が一致していない。　進学希望先に成績が伴わない。　学習の遅れから進学に不安をもっている。　進学後の生活に不安がある。

■進路情報
職業の種類とその特質について理解が不足。　興味のある学問についての情報提供が必要。　上級学校の資料提供が必要。　欠席がこれ以上続くと卒業がむずかしくなる。

してみたこと（C）・これからの援助で何を行うか（E）

■生活面の援助
ロールプレイで生活体験を増やす（電話のやりとり，メールの文章作成，情報文や広告の見方，待ち合わせとその連絡方法など）。　机の中の整理がしやすいように，置く場所を図で表示する。　忘れもの防止に，持ち物を写真で掲示する。　「早くしなさい！」ではなく，「○○分までにやってね」など，明確に話す。　時計で時間を理解させる。　手順を図式化・言語化する。

■進路面の援助
趣味や好きなこと（漫画や釣りなど）の話を聴く。　子どもの夢の話を関心をもって聞く。　なりたい職業について話を聴く。　ボランティア活動・修学旅行などの行事への参加を勧める。　先輩たちの卒業後の様子を紹介する。　上級学校のオープンスクールを紹介する。　係活動などで得意なことを発揮できるようにする。　部活動の顧問と連携し，本人に見合った課題を設定する。　職場体験学習を通して自分の将来について考えさせる。　1年後・3年後・5年後の自分といまをつなげるワークをする。　進路希望調査をする。　面談をして進路面の不安を聴く。　進学に関する情報提供をする。　志望している学校の情報を伝える。　個別学習で学習面の遅れを埋め，進路に目が向くようにする。　就職に向けて就職問題集に取り組むようにアドバイスする。　親子での学校見学を勧める。　保護者が，先輩たちのお母さんから話を聞く機会を設ける。　父親とのかかわりを多くする。

各領域共通

この時点での目標と援助方針（D）

■全般について
・精一杯がんばっていることをねぎらう。ゆっくり休むことを最優先する。
・見かけの行動に振り回されず，本人の気持ちに焦点を当ててかかわる。
・クラスの友人関係や進路に対する本人の思いを理解する。
・わかりやすく見通しをもって学校生活を送れるようにする。
・自信をもてることを増やして，意欲を高める。
・本人の得意な部分を学校（学級）内で生かせるようにする。
・安心して話せる人を学校の中に増やす。
・ソーシャルスキルトレーニング等の取り組みを通して，対人関係のスキルを身につける。
・グループ学習やグループ発表で協調性を養う。

- パニックの回数を減らすため，原因を探り，配慮する。
- クールダウンの場所をつくる（校内の安全な居場所づくり）。
- 通常学級の学習がつらくなったときは，特別支援学級での学習を認める。
- クラスメイトからの視線に配慮する。

■学習・進路について
- 精神的な安定を図り，社会生活上必要な知識や態度を育てる。
- 日常生活に役立つ学習目標を立てる。
- 学習への嫌悪感を減らすため，「できる問題」を取り混ぜて達成感をもたせる。
- 個別の指導計画をつくり，段階的・組織的な指導を行う。
- 子どもの能力に見合った将来像に向けて，無理のない計画を立てる。
- より本人の実態に合った進路選択を行うことができるよう支援する。
- 受験までにやらなければいけないことを書き出し，優先順位をつける。
- 個別の教育支援計画を作成する。

■登校しぶり・不登校について
- 情緒の安定を第一に考え，受容的な態度でかかわっていく。
- 登校したら担任のところに出席の報告をしに行く。
- 学校に来たらシールをはる等，目に見える形で働きかける。
- 通常学級と特別支援学級の交流を日ごろから十分に行う。

■保護者支援について
- 保護者を支えて，不安を和らげる。
- できるようになったことや成長したことなど，小さなことでも保護者と一緒に喜び合う。
- 家庭や病院との連絡を密にする。

だれが行うか（F）

■メンバーの例

学級担任。副担任。前担任。同学年担任。学年主任。教科担任。特別支援教育コーディネーター。通級担当。特別支援学級担当。適応指導教室担当。進路指導部。教育相談部。生徒指導部。部活動顧問。クラブ（少年団）のコーチ。養護教諭。栄養教諭。スクールカウンセラー。教頭。副校長。校長。校務員。特別支援教育支援員（介助員など）。学生ボランティア。きょうだい。父母。祖父母。クラスメイト。学童職員。教育センター職員。保健センター職員。児童相談所相談員。医療関係者。言語療法士。作業療法士。

■分担の例
- 課題は担任，補習は教科担任。
- 小論文の指導は国語科担任，個別学習は空き時間の教師，観察は養護教諭，母親との情報交換や援助は担任・スクールカウンセラー。
- 家庭支援をソーシャルワーカーに依頼する。

いつからいつまで行うか（G）

■期間の例

明日から2週間。　来週から今月末まで。　1学期中。　2学期中。　3学期中。
2学期から年度末まで，できるかぎりのことをやってみる。　年末まで。
修正を加えつつ1年間。　次回の会までの1か月間。
いまから本人が教室に戻るまで。　中間試験まで。
今週から大学合格まで。　卒業まで。　高校進学まで。

第3章

チーム援助を
スムーズに進めるために

平成24年度の文部科学省の調査で,全国の公立小・中学校の通常学級には,発達障害がある子どもが「6.5％」いることが確認されました（文部科学省,2012）。「特別支援教育」や「発達障害」という言葉は浸透してきましたが,発達障害がある子どもたちへの援助は,まだ十分とは言えません。ここでは発達障害がある子どもおよびその周辺の子どもへのチーム援助を進めていくために,校内の先生方と共通認識を形成していくための方法を考えます。

3章 1節 「特別な援助」の必要な子どもの存在に気づこう

　各学校の特別支援教育コーディネーターの先生方は、「教育相談の経験が豊富である」「子どもへの指導力を見込まれた」「校内のリーダー的な立場にある」などの理由で指名された場合が多いと思います。また、発達障害がある子どもを何人も援助したことがある、専門的な知識やスキルがあるという先生が増えてきています。いっぽう校内にも、「学級で発達障害がある子どもをどうやって援助したらいい？」と困っている先生方も多くいらっしゃることでしょう。

　本節では、このような現状のなかで特別支援教育におけるチーム援助をスムーズに進めるための問題点とその解決策について考えます。

■「もしかしたら」を大事にする

　援助は、苦戦している子どもの存在に気づくところからスタートします。しかし、発達障害は目に見えにくい障害です。重い障害は、誰の目にもそれとわかりますが、言葉も普通に話せる、大人が何か言えば達者に言い返すという子どもは、障害があるのかないのか一見しただけではわかりません。そのため、下のイラストのように学校生活がうまくいっ

お調子ものA君
おしゃべりでひょうきん／忘れものが多い

↓

もしかしたら、忘れっぽいのではなくて聞きとりに問題があるのかも

協調性のないBさん
いつも班活動に参加しない

↓

もしかしたら、やる気の問題ではなく参加の仕方がわからないのかも

ズルをするC君
頭が痛いと言っては保健室へ（仮病？）

↓

もしかしたら、ズル休みと思われることをわかっていないのかも

ていない場合でも，本人の「怠け」や「わがまま」ととらえられてしまい，援助が必要だという目では見てもらえない子どもがまだまだたくさんいます。心の片隅に，「もしかしたら」という気持ちをもって援助に当たることは大切なことです。

■ 子どもの自己肯定感はとても低くなっている

　子どもたちを気をつけて見ていると，発達障害がある子どもの場合，明らかにほかの子どもたちとは指導に対する反応が違うことがわかります。教師がどれだけ説明しても「指導が通らない」という感じになります。かたくなさが非常にあったり，何を言っても手ごたえがなかったり，突然「キレ」たりする場合もあります。それは，子ども一人一人の発達上の特性が背景にあるためです。

　子どもも本人なりに必死に努力をしているのですが，周囲にしてみると，苦労していることや，努力していることには，気づきにくいものです。なぜならあまりにも普通のことがわからなかったり，たいていのことはできるのに，これだけができないというアンバランスさがあったりするためです。そのような子どもを前にすると，「何だこの生徒は！」「普通はこれだけ言ったらわかるだろう！」「教師をなめているのか！」と，心の中に怒りの感情が湧いてくることがあります。指導に従わないのは，その子の性格が原因だと思い込み，「やる気がない！」「性格が悪い！」などと，誤解してしまうこともしばしばです。

　ある中学生の男の子は，テストの点を友達にからかわれたり，家でも叱られたりすることが続き，「自分は勉強ができない」「バカだ」「どうせやってもできない」と，学習への意欲を失いかけていました。授業は理解しているつもりなのに，いくら勉強しても，テストではまったく点数を取ることができませんでした。

　彼が「勉強ができるようになりたい」と強く望んだので，WISK-Ⅲという知能検査をしました。その結果，言語で理解したり表現する能力が平均より非常に高いのに対して，図形など非言語的な情報を識別し，速く正しく解決する能力は平均より低いことがわかりました。学習内容は理解していても，問題を解くための作業処理がとても遅いため，テストでは時間内に問題を解くことができなかったのです。

　子どもは，自分でも一生懸命努力しているのに「できるようにならない」ことに傷ついています。それなのに「もっと努力しろ！」「できて当たり前！」と言われ続けて，大変つらい思いをしています。努力しても実を結ばないことがずっと続くと，子どもたちの自己肯定感はとても低くなり，ものごとに対する意欲も失われてしまいます。

■ちょっとした援助で成長できる

　このように，発達障害がある子どもたちは，それぞれの発達上の特性のために，学校生活のさまざまな場面で苦戦を強いられます。しかし，これらの苦戦の多くは，ちょっとした援助によって，とても楽になります。

　例えば，平均台を危なっかしく渡っている子どもをイメージしてください。下のイラストのように片方から支えれば渡ることができる子どももいれば，両側から2人が手をさしのべて手をつないでサポートする必要がある子どももいます。平均台を2本並べて幅を広げれば，支えなくても渡れるようになる子どももいます。

　また，平均台に変化をつけて面白くすると，乗ってくる子どもかもしれません。平均台と平均台を90度にくっつけて変化をつけたり，平均台の真ん中にその子が好きな虫や電車のシールをつけて，そこに足を乗せて歩くようにしたり……。こんなふうに工夫することは，先生にとっても楽しい作業だと思います。

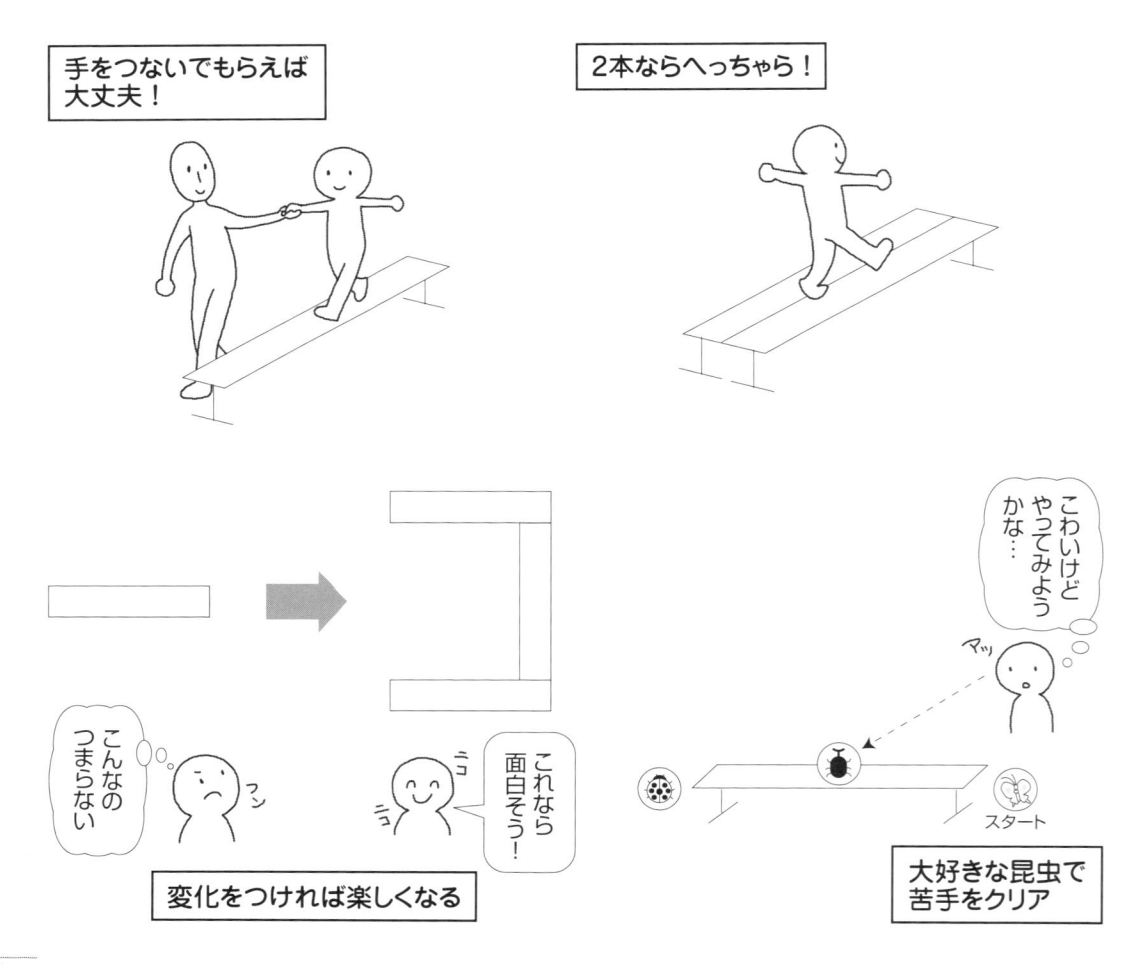

手をつないでもらえば大丈夫！

2本ならへっちゃら！

こんなのつまらない

これなら面白そう！

変化をつければ楽しくなる

こわいけどやってみようかな…

大好きな昆虫で苦手をクリア

■ 援助はオーダーメードで

　発達障害がある子どもへの援助の基本は，どうすれば子どもが理解できたり便利になったりするかを考えながら，その子に合わせた「ちょっとした工夫」を行うことです。私たちが，ふだん，どう話せば相手に伝わりやすいかを考えながらしゃべるのと同じです。

　うまくいったかどうかの結果はすぐにわかります。工夫がぴたんとはまれば，子どもは驚くほど落ち着きを取り戻します。しかし，ぴたんとはまらなければ，子どもの問題状況の揺れは大きくなりがちです。これは，裏を返せば発達上の特性のために，子どもたちは環境から影響を受けやすく，さらに負担もかかりやすいということです。そのため，子どもたちに負担がかからないように，少しずつ様子を見ながら行っていく必要があります。

　また，同じ障害であっても，子どもの状態像は一人一人大きく違っていますから，何がその子にとってぴったりな「ちょっとした工夫」なのかは，ていねいに探っていく必要があります。つまずきが外から見えにくい分，工夫がジャストフィットする間口も狭い子どもたちといえます。

　また，その子のために行った工夫が，日常生活に溶け込んだ形で自然に実施されていると，「特別扱い」という感じがせず，本人も周りも過ごしやすくなります。むずかしいことですが，①その子にとっては必要なことであると自然に周囲に受け入れられる土壌をつくること，②特別だという感じを周囲がもたないように，工夫を溶け込ませる工夫（工夫の重ねづけ）をすることに，解決策は尽きると思います。

■ 発達障害以外の可能性にも留意する

　「注意が散漫になる」「すぐキレる」など，落ち着きのない状態の要因としては，発達障害のほかに学級の状況や家庭の状況があります。「いつもこのような行動が見られるのか」「最近このような行動が見られるようになったのか」「学級の雰囲気はどうか」など，行動の頻度や背景状況を知り，発達障害の可能性があるのか，それとも一時的に心理的に不安定になっているのかを見きわめることは，援助を進めていくうえで大変重要なポイントです。また，日常的に虐待を受けている場合，子どもは不安定になり，「多動になる」「整理整頓ができない」「とりかかりが遅い」など，ADHDと似た行動を示す場合があるので注意を要します（※）。

　※虐待を受けている子どもたちにはADHD様症状という行動が見られます。ADHDと異なる点としては，複雑な対人関係をもったり，記憶が飛んでいたり，夕方からテンションが高くなるなどの行動が見られます。（杉山登志郎著『発達障害の子どもたち』講談社現代新書）

3章 2節 校内の共通理解をつくろう

　特別支援教育コーディネーターとして，子どもへの援助の必要性を訴えたときに，校内の先生方のこんな反応に出合ったことはありませんか。

- 「あれは怠けだから」「わがままだから」と，援助の必要性を受け入れない。
- 「ほんとうに発達障害なのか」と疑いをもつ。

　発達障害がある子どもの問題行動が，本人の性格や家庭のしつけ不足から起こっているのではないことを，校内の先生方に少しずつ理解してもらうように働きかけていくことは，特別支援教育コーディネーターの大きな仕事の1つです。

　また，援助を進めていくなかで，担任の先生方のこんな反応に出合うこともあります。

- 援助の必要な生徒だと頭ではわかっていても，実際の場面で，特別な配慮をすることには躊躇してしまう。
- こっちの子どもには「ダメ」と言ったのに，こっちの子には「いい」と言うのは，一貫性がなく言いづらい。

　1人の子どもを特別に扱うと，全体への示しがつかなくなると考えて，援助を躊躇してしまうことが多いのです。特別支援教育に対して，担任の先生方がいちばん苦労されているのは，実はこの点なのではないでしょうか。どうすればこれをクリアできるのか，これは特別支援教育コーディネーターにとっても避けては通れない課題です。

■気づきのタマゴ

　このような場合には，気づきのタマゴの出番です。「あれっ？　もしかしてこの子への対応には工夫が必要？」。これが，気づきのタマゴです。

(1)「気づきのタマゴ」の見つけ方

　「怠けだと思っていたけど，こういう工夫をしたら，この子はできるのかも」という先生方の気づきを大切にします。ちょっとしたことでもいいのです。過去に1回でもうまくできたことがあれば，それがヒントになります。

　自分で「気づきのタマゴ」を見つけられない場合は，特別支援教育コーディネーターが一緒に対応策を考えます。そして，子どもの行動がよい方向に向かうためには，どのようにかかわると行動が変化する可能性があるかという仮説を立てます。そうすると，「そう

いえば，〜をほめたら，とても落ち着いて過ごせたときがあったわ」と，先生方が自分なりの「気づきのタマゴ」をもつきっかけになります。

(2)「気づきのタマゴ」の育て方

「気づきのタマゴ」が見つかり，子どもへの見方が変われば，あとはその子どもへのかかわり方の枠組みを変える作業になります。1度タマゴが見つかれば，タマゴの育て方は先生方はとっても得意です。いままでのノウハウや過去の経験を生かして，たくさんの引き出しからその子に合った援助を探し出せます。特別扱いできないと思って動き出せずにいた先生も，「これさえあれば」という具体的なことがわかると，特別扱いにならない配慮の工夫をたくさん考え出すことができます。

(3)留意点

万が一，先生と子どもや保護者との関係がこじれ，先生がその子に対して好意的な気持ちをもてなくなっている場合には，どんなに気づきのタマゴを見つけて子どもにかかわろうとしても，子どもや保護者は敏感に先生の気持ちを見抜いてしまいます。

特別支援教育コーディネーターは，その場合に先生を非難するのではなく，その先生がいまできているところに着目して，いいところを先生に伝えます。非難の目を向けてもその先生の助けにはなりません。先生に対しても，いいところに着目することが，特別支援教育コーディネーターの大きな役目だと思います。

■反抗的な子どもへの援助について

問題行動の背景に発達障害があると思われるケースでも，反抗的な子どもに対しては，「特別支援教育（甘やかし）より生徒指導（しつけ）が大切である」と，援助の必要性を受け入れてもらえないことが少なくありません。このような場合，特別支援教育コーディネーターは，生徒指導が必要だと主張する先生方の考え方を変えようとするよりも，具体的に子どもに対する言葉かけを変えてもらうように働きかけることが援助のコツです。それで実際に効果があれば，先生方に納得してもらえます。

例えば授業時間になってもなかなか教室に入らない子どもに注意をすると，子どもたちは，しばしば反抗の意味を込めて「意味わかんねぇんだよ！」と先生を挑発します。これは，「先生の言うことは聞きたくない！」と解釈されますので，先生はカチンときます。しかし，発達障害がある子どもの場合，「言われている意味がほんとうにわかっていない」ことが多いのです。教師はどうして授業に出る必要があるかを真剣に説明しているのですが，早口で長い説明に対して，子どもは言われていることを理解するスピードがついていかなかったり，注意が散漫で話を最後まで聞けなかったりすることがあります。また，教

師の言葉の意図をしっかり受け止められず，自分流に理解して思い込んでしまったりすることもあります。このように，教師の言葉の意味がほんとうにわからないという現象が発生しがちです。

そこで，言葉かけをちょっと変えてみることを提案します。コツは，子どもに対して，①言ったとおりに行動すればいい言葉で，②短く指示すること，です。そのまま言葉どおりに言ったら，そのとおりにできる言葉を使います。そして，どうしてその行動が必要かの理由は，後からつけ加えます。

教室に入らないで廊下で遊んでいる子どもへの例

A「いまは何の時間だ？　この前も言っただろう！　何度注意したらわかるんだ！」
↓
B「チャイムが鳴りましたね。教室に入りましょう。授業の時間です」

Aの言い方にはこれから何をしたらいいかが含まれていませんでしたが，Bの言い方では，これから何をしたらいいのか，どうしてその行動をしなくてはいけないのかがよくわかります。また，音に敏感な子どもの場合，Aのような強い語調がパニックを引き起こすこともある，ということに注意します。

子どもたちの多くは，明確な行動の指示が含まれていなくても，先生の意図や「どう行動を修正したらいいのか」を理解して，遊びをやめたり教室に入ろうとしたり，それぞれ状況を判断して行動します。適切に自分をコントロールしているといえます。しかし，発達障害がある子どもは，それがうまくできません。先生の具体的な言葉かけが，子どもの行動をコントロールするガイドとなります。

障害がある子どもの場合，「意味わかんねぇ」は単なる拒否や反抗の態度ではなく，言葉の意味がほんとうにわかっていないという可能性を頭においておくと，気づきのタマゴにつながりやすくなります。

■ Work

瞬間的にチェンジした言葉が口から出るには，ちょっと練習が必要かもしれません。

言葉かけのコツをわかっていただくために，ここでちょっとWorkです。次の表の左の言葉かけを，子どもたちがわかりやすいように言い換えてみてください。

子どもたちへの言葉かけを
ちょっとだけ変えてみましょう

【コツ】 ①言われたとおりに行動すればよい言葉で指示する
②短く指示する
③その行動が必要な理由は，後から説明する

ありがちな言葉のかけ方	どう言葉かけを変えますか？
例） 「ペンを振り回したら 　危ないだろう。 　目に刺さったらどうするんだ。 　この前も言ったのに， 　何度注意したらわかるんだ！」	point　そのまま行動できる言葉かけにします。 　ペンをペンケースに入れましょう。 　ペンは先がとがっています。 　危ないからね。
「ちゃんと並びなさい。 　行儀が悪いよ！」	point　どのように並ぶか，具体的に指示します。
「どこ見てるんだ！」	point　どこを見るのか，具体的に指示します。
「どう思っているのか 　ちゃんと話しなさい」	point　何について，どんな場面の，どんなことを話したらいいか，具体的に指示します。

Column 2

チーム援助がうまく回転しないときの脱出法

　チーム援助がうまく回転しないときとは，どのようなときでしょうか。3つの場合を検討してみます。

1．チーム援助会議が途中から開かれなくなる

　私たちも失敗体験がありますが，次回のチーム援助会議を設定しないと会議が立ち消えとなることがあります。意図的に会議を開かないわけではないのですが，忙しい学校現場ではスケジュールを事前に入れておかないと，つい抜けてしまいがちです。チーム援助会議は，最低でも学期に1回程度は定期的に行うようにしましょう。

　例）母親，担任の先生，教育相談担当教諭，教頭先生がメンバーとなり，学校に行けないマリさんのチーム援助会議が1年半続いていました。援助方針は，「子どものペースで保健室に登校する」ことでした。ところがある日，学校には絶対行かないとマリさんが言い出したのです。マリさんの母親の話を聞いてみると，いつの間にか担任の先生が，学校に行くように強く声をかけるようになったとのことです。コーディネーターをしていた教育相談担当の先生に事情を聞いてみると，ほかの生徒へ次々と対応しなければならず，そのうちに会議を開くことが抜けてしまったとのことでした。

　　チーム援助会議が再開され，「子どものペースで保健室に登校する」という援助方針をメンバーで再確認し，マリさんは落ち着きを取り戻して保健室への登校を再開しました。

2．援助方針に賛成できない

　チーム援助会議で決まった援助方針に賛成できないメンバーがいる場合には，チーム援助はうまく回転しなくなります。しかもその場で不賛成を表に出さ（せ）ないことが多いため，ほかのメンバーは不賛成だということに気づきにくくなります。しかし，その後のチーム援助の動きが悪くなるため，うまくいっていないという感じは伝わってきます。

　保護者を含んだ会議の場合には，保護者やメンバーの発言に対する参加者のそれぞれの表情にも気を配ります。「顔をしかめる」「首をかしげる」「目を閉じる」「顔をそむける」「い

らいらしたそぶりをする」など非言語には本音が表れます。このような非言語のサインをキャッチしたら，「いまの援助方針について○○さんはいかがでしょうか？」と，発言を促します。その場で本音が語られない場合には，コーディネーターは日常の場で話しかけ，何が不満で，何に違和感をもっているのかを聞くことを心がけましょう。聞くことができると，次の援助チーム会議のときに生かすことができ突破口が見いだせます。

　先生方だけの校内委員会，学年会，生徒指導部員会などで全員の意見を吸い上げるためには，それぞれが付箋紙１枚に１つの情報を書いたものを集めて，援助チームシートの項目ごとに貼っていくという方法があります。この方法ですと，若い先生方や異動してきたばかりの先生，発言が苦手な先生方の意見も吸い上げることができます。

3．援助案を実行できない

　援助案は，①子どものいまの状況や能力に合っていること，②援助者（例：担任）が実行する能力をもっていること，また③子どもの環境（例：学級）で実行が可能であることの条件を満たして，はじめて実行できます。援助案を実行できないときには，援助案そのものに無理があることがほとんどです。その場合には，目標を下げたり，手段を変えたり，違う角度から取り組むことも大切です。例えば，学習面の援助（子どもの得意な算数の勉強）から始める予定だったとします。しかし，子どものやる気が起きないので，まずは，心理・社会面の援助（一緒に遊んで信頼関係をつくる）に援助案を変更することなどです。

　また，援助案が具体的でないと実行できません。例えば「学習支援を開始する」では何からどう始めていいかわかりません。「好きな英語の歌を一緒に訳す」など具体的に決めます。

　一度援助案が決まると，うまくいかなくてもやり続けてしまうことがありますが，うまくいかない場合には即刻中止しましょう。毎回のチーム援助会議でうまくいかなかったところを話題提供し，なぜうまくいかないのかメンバー全員で検討して新たな案を考えます。そして，目標のステップを一段ずつ下げて子どもが受け入れやすい援助案を模索します。

　この話し合いのプロセスそのものが，チーム援助の最大の利点です。チームメンバーに保護者が入っていると家庭での様子がわかり，より子どもにぴったり合った援助につながります。

第4章 保護者とパートナーになるために

発達障害などで学校生活で苦戦する子どもたちの保護者は，とても複雑な思いを抱いています。学校とよい関係を築きたいと思いながら，子どもの将来について不安になったり，自分の育て方を責めたりしながら，日々揺れています。保護者を支え，子どもへの援助がスムーズに行われるようにするための方法を考えます。

4章 1節 援助チームの一員としての保護者

　援助チームのメンバーには，必ず保護者を位置づけます。なぜなら，子どものことを，生まれたときからいちばんよく知っているのは保護者だからです。保護者は，援助チームのなかで，子どもの最も身近にいて，最も強力な援助者です。

　子どもへの援助を保護者と一緒に行っていくためのコツは，保護者を「援助を受ける」側にだけ位置づけるのではなく，子どもへの「援助を提供する」側にも位置づけることです。学校から保護者に対して，してほしいことを「こうしてください」と求めるだけでなく，「子どもにどうかかわったらよいか」のヒントを，保護者からももらいます。これは，いわゆる相互コンサルテーションの基盤となります。相互コンサルテーションとは，互いに助言者となったり，助言をもらったりして子どもへの援助を実行することをさします。

■ 保護者をパートナーとする援助チームのメリット

　保護者が子どものための援助チームに参加し，保護者と学校がパートナーシップを築きながら子どもへの援助を行うことには，次のようなメリットがあります。

　<u>第1のメリットは，子どもの様子を多面的に理解できることです</u>。子どもは，家庭と学校では，見せている顔が違います。学校では静かでも家庭で暴れている場合もありますし，その逆もあります。保護者と一緒に援助を行うことで，子どものさまざまな姿が見えてきて，多面的に理解することができます。

　<u>第2のメリットとしては，保護者の合意を得ながら，子どもへの援助を進めていくことができます</u>。保護者と学校が互いの合意のもとで援助を進めていくと，援助の過程が見えやすくなり，両者の間に信頼関係が構築されます。互いの誤解も少なくなり，いま行っている援助に対する安心感が得られます。例えば，学習で大きくつまずいている子どもに対して，保護者の同意を得て，別室で個別の学習指導を行います。子どものつまずきに対して，いまどのような学習をしているかが保護者にもわかると，個別の学習指導の必要性についても納得でき，保護者が安心します。

　<u>第3のメリットとしては，お互いが行っている援助が目に見えることです</u>。学校で行っている援助が保護者に伝わらなかったり，保護者が家庭で行っている援助が学校に伝わら

なかったりすることがよく見受けられます。すると不満をもちがちですが，保護者がチームメンバーに入っていれば，これらの不満は解消されます。

■保護者が作戦会議に入るタイミング

　学校で行う援助について保護者から合意を得るためにも，作戦会議には保護者が同席したほうがうまくいきます。すでに米国ではそうであるように，援助の妥当性（適切な援助により効果があがること）が問われる時代がもうすぐそこにきています。とくに，子どもの環境を整える話し合いの場合には，会議に保護者を交えることが望まれます。

　ただし，作戦会議に臨む保護者の心理状態は，ケースによって大きく異なっています。教師たちと対等な気持ちで，前向きに参加できる保護者もいれば，大きなショックを受けて落ち込んでいる保護者や，学校に対して怒りをぶつけてくる保護者もいます。保護者が援助チームの一員となるまでのプロセスは，第3節で解説します。

　いっぽう，子どもに対してどのようにかかわっていくのか，校内で方針が統一されていないような場合には，保護者は会議に入らないほうがいいでしょう。校内での方針が一致してから保護者と共に話し合います。

■コーディネーターの存在がカギ

　保護者と学校が信頼関係を築き，協力して物事を進めていくためには，保護者と学校をつなぐ特別支援教育コーディネーターの存在がカギになります。特別支援教育コーディネーターが保護者からの信頼を得て，パートナーシップを築くためには，以下のＳＳＫＫＪＪが必要です（田村，2009）。

保護者と信頼関係を結ぶために必要なコーディネーターの資質	
S（信頼関係）	保護者と学校の両方に信頼関係がある，ないしは構築できる。
S（専門性）	子どもを理解したり援助するための専門性や権威がある。
K（権限）	子どもの環境を整える際に発動できる権限がある。
K（継続性）	継続した援助が行える。
J（情報集約）	多面的な情報を集約し，共通理解を促進できる。
J（情）	子どもや保護者，先生に対し，人間味のある対応ができる。

4章 2節 援助の対象としての保護者

　子どもに気になる様子が見られるとき，学級担任などはそのことを保護者にも知ってもらおうとします。そして，子どもへの援助を一緒に行ってもらいたいと考えます。しかし，先生方が「気づきのタマゴ」（P66参照）をもてないことがあるように，自分の子どもに「特別の援助が必要だ」と気づかない（気づけない）保護者もいます。学校に行けなくなってしまったり，教室を歩き回ったりなどの心配な行動が出て初めて，子どもが困難さを抱えていることに保護者が気づくこともあります。

　さらに，担任や保護者が子どもの困難さに気づいたとしても，障害であるかどうかはわかりません。保護者は，先生のかかわり方のせいだとか，自分の育て方のせいだと思うのが心情です。もし子どもの困難さが障害による場合は，「障害」を受け入れる過程は，複雑でつらい過程なのです。

　個別の援助チームにおいて，保護者は，子どもにとって最大の援助者であると同時に，本人も援助を必要としている立場であることを理解しておく必要があります。

1．子どもの問題状況を共有するために

■障害名ではなく，「状況」を伝える

　子どもに障害があるかどうかを診断するのは，医師の仕事です。教育現場では，障害名を自分で判断して保護者に伝えることはできません。やってはいけない行為です。

　保護者へは障害名ではなく，いま起きている状況をていねいに伝えます。医療につなぐ際も，「このような状況が起きているから，一度，専門医を受診してみては……」という具合に紹介します。障害があるかどうかを決めることや告知することが最終目的なのではなく，その子どもや保護者にとって必要な援助を定期的に行っていけるようにもっていくことが，特別支援教育コーディネーターに求められる使命だと思います。

■保護者のガードを無理にはがない

　子どもへの援助がうまくいくためには，保護者（母親）と信頼関係を築けるかどうかが

カギを握っています。信頼関係を築くコツは，「優しいまなざしで見て，十分に話を聞いて，口に出してほめること」です。

> 優しいまなざしを向けること……目
> 訴えに耳を傾けること　　　……耳
> かかわり方をほめること　　　……口

　急がば回れで，「徐々に」がポイントです。必要なことは伝えつつ，保護者の言い分も十分に聞いて，徐々にガードを解いていきます。「優しいまなざしで見て，十分に話を聞いて，口に出してほめること」を，根気よく実行します。

　保護者と信頼関係を築くのには時間がかかります。でも，壊れるのは「あっという間」です。一度失った信頼関係を取り戻していくのには，最初よりももっともっと時間がかかることを心に留めておきます。

■事実はたんたんと伝える

　学校での子どもの様子を伝えるときには，いまの状況が続いた場合に，将来起こりうることを問題として話し合います。あまり深刻な雰囲気になりすぎると保護者は不安になり，事態について冷静に考えられなくなってしまいます。そこで，感情を交えずにたんたんと事実を伝えます。

　例えば，「昨日，友達をたたいていました。それなりの理由はあったようですが，自分の気持ちをコントロールすることが，どうも苦手なようです」などと，たんたんと伝えることで，「実は家でも……」と，保護者が落ち着いて考えられる状態をつくり出すことができます。教師が感情を乗せてしまうと，「先生がそんな目で子どもを見ているからだ」と，保護者も感情的になってしまいます。冷たい感じではなく，にこやかにたんたんと伝えれば，保護者にも子どもの様子が正しく見えてきます。

2．援助を受け入れてもらうために

　学校がいちばん頭を悩ませるのが，子どもの状態を把握するために検査をしたり，個別の指導を行ったりするために，保護者の許可を必要としている場合だと思います。

　例えば，学校が「この子のためには，少人数学級で特別な援助を受けるのがいちばん適切だ」と思って保護者を説得しても，「何でうちの子だけ，そういう援助を受けるんです

か。うちの子は普通クラスでちゃんとやっていけます。何で普通のクラスではいけないんですか」と，先生と保護者が対立してしまうことがあります。このように，ときとしてなかなか保護者の許可が得られないことがあります。

保護者は自分の子どもに対して，将来の監督も含めた全責任を負っています（民法714条）。そのため，学校の判断だけで，これらの援助を勝手に進めるわけにはいかず，先生方は行き詰まりを感じてしまいます。

■ 保護者が学校の提案を受け入れないとき

保護者がどうしても学校の提案する援助を受け入れないとき，チーム援助では，それは保護者が「自分で責任をとる」と言っていると考えます。「まだ自分たちで何とかできますから，もう少し待ってください」と訴えていると受け取ります。人は，ほんとうに困った状態にならないと，援助を受け入れられないもので，限界だと思うまで保護者がそのような反応をするのはとても自然なことです。

保護者が援助を受け入れないときは，まだ援助の時期がきていないということなので，保護者の許可がなくてもできる援助を行っていきます。例えば，保護者を除いた援助チームで，子どもにとって何が必要かを話し合います。作文や図工や美術などの子どもの作品をもとに，発達の専門家の意見も聞くことで，子どもの状況の一端を知る手がかりとなることもあります。また，授業にTTを取り入れられると，その子どもにかかわる時間的な余裕が生まれて，環境調整もしやすくなります。授業に集中できない子どもへのかかわり方として，子どもの机をとんとんと小さくたたいて，個別に注意を促すなどの工夫も考えられます。

■ 保護者の怒りは冷静に受け止める

「怒りは困り」という平木典子先生の言葉があります（平木，2005）。これほど保護者の心情を端的に表している表現はないと思います。保護者が怒っているときには，「何に困っているか」に耳を傾けることこそが，学校心理学のアプローチです。

怒った保護者に感情的に主張されると，教師もついカッとなって「私はちゃんとやっています」と言いたくなります。しかし，そこをこらえて，「保護者が怒っているのは，子育てで困っているからだ」と受け止めます。そこで，「この子にはこういう特性があるから，学校ではこのようなかかわり方をしている」「このようなかかわり方をすることで，いい面の能力を発揮して，こういったこともできる」「そのように能力を伸ばしていくことで，将来の仕事にも生かせるかもしれない」などと，保護者が子どもの将来についてよ

いイメージをもてるように話します。学校で子どもがんばっていること，援助を工夫していることを伝えることで，保護者の不安や困り感を減らすことができます。

　教師も保護者も，子どもにとっては環境の一部です。教師や保護者が冷静でいられなくなると，感情に巻き込まれ，子どもも落ち着かなくなります。保護者の怒りにカッとならず，「援助ニーズがあるということなんだ」と冷静に受け止められるようになると，かかわり方の枠組みが変わってきます。

■ 援助チーム会議をスムーズに進めるために──「3つの約束」──

　保護者や教師など，援助チームのメンバーが内心不満をもったまま，援助チーム会議に臨む場合がしばしばあります。学校の方針に同意できない保護者の場合にはもちろんですが，教師も保護者に対してマイナスな感情をもって参加することがあります。このような状態のままで話し合いを行うと，お互いの意見を頭ごなしに否定したり，途中で話をさえぎってしまったりと，話し合いがスムーズにいかないことがあります。

　そこで，援助チーム会議をスムーズに進め，子どもの援助方針や援助案を立てるために，ちょっとした工夫が必要となります。会議の内容に入る前に，次の3つの約束を援助チームメンバー全員で共有してから始めます。

〈3つの約束の前振り〉

　コーディネーターのセリフ

「お忙しいなかお集まりいただきありがとうございます。今日はケン君のこれからの援助について話し合いを行いたいと思います。時間も限られていますので，話し合いをスムーズに行うために次の3つの約束をみなさんと共有したいと思います」

〈3つの約束〉

①挙手して発言

　「発言する際は必ず挙手をしてください。指名された方から順にお話しください」

②最後まで聞く

　「発言者の話は最後まで聞いてください。途中でさえぎらないでください」

③代替案の提示

　「反対意見の場合には，必ず反対する理由と代わりの案を出してください」

3．信頼関係を築きながら援助を進めるために

2つのサイクル

　子どもの行動が周囲を困らせるものであると，教師は何とかしたくて，ついマイナス面ばかりを保護者に伝えてしまいがちです。しかし，「うちではそんなことありません」「学校の指導が悪いんじゃないんですか」と保護者に受け入れてもらえないことも多々あります。こうなると，「じゃあ，私1人でどうしたらいいの」と，先生方もやる気をなくしてしまいます。マイナスのサイクルの出来上がりです。

　これをプラスのサイクルへ切り替えるためのコツは，保護者をきちんとほめることです。教師は「子どもが変わればいい」「保護者が変わればいい」と思うことがありますが，当事者にそれを求めるのは大変むずかしいことです。心理学には「他人は変えられない。変えられるのは自分だけ」という言葉があります。先生が相手（子どもや保護者）を変えなくてはならないのではなくて，相手への自分のかかわり方を変えればいいのです。相手へのかかわり方が変わると相手の行動も変化します。そこで，まずは先生から，保護者や子どもへのかかわり方を変えていきます。

〈マイナスのサイクル〉

- 学校：「ご家庭で何とかしてください」〈子どもや保護者への不信感・要求〉
- 子ども：「先生がちくったからお母さんに叱られる」〈先生や保護者への不信感・反発〉
- 保護者（母親）：「先生（子ども）さえ，ちゃんとやってくれれば」〈先生への不信感，子どもへの要求・叱責〉

〈プラスのサイクル〉

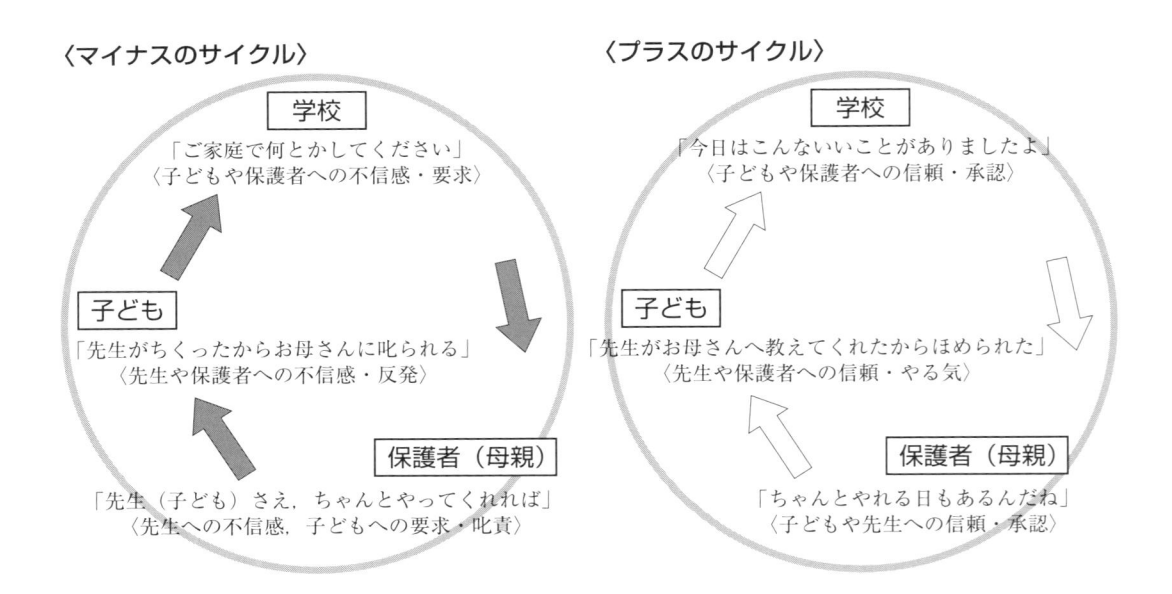

- 学校：「今日はこんないいことがありましたよ」〈子どもや保護者への信頼・承認〉
- 子ども：「先生がお母さんへ教えてくれたからほめられた」〈先生や保護者への信頼・やる気〉
- 保護者（母親）：「ちゃんとやれる日もあるんだね」〈子どもや先生への信頼・承認〉

図3　保護者・子どもへのかかわり方による2つのサイクル

■ プラスのサイクルをつくるには

　発達障害がある子どもをもつ保護者は，これまでにもずっと先生から子どもの行動を指摘されてきている場合があります。子どもと同様に，保護者にもほめられる経験が不足しています。小さなことでも「いま行っていることを認めてくれた」「この先生は私のサポーターになってくれた」と保護者が実感すると，子どもを支えられるようになります。

　ところで，保護者を急にほめるようにといってもなかなかむずかしいものです。そこで，特別なことがなくても，何もなく過ごせた日があったら，まずは子どもをほめてみましょう。例えば，「今日はとても落ち着いて過ごせたね。先生，うれしいよ」と子どもに伝えます。特別な援助が必要な子どもにとって，トラブルが何もない日というのは，子どもなりに努力した成果なのです。

　そして，タイミングを外さずに家庭に電話をして，「今日1日，落ち着いて生活していましたよ」と保護者に伝えましょう。子どものことを認められると，保護者は自分もほめられたように感じます。「この先生はどこか違う」などと，温かい気遣いを実感します。

　さらに，先生方が学校で試みている援助についても，保護者の目に見えるように伝えましょう。例えば，「教具を運ぶのを手伝ってくれたのでほめたら，いつも手伝ってくれるようになったんですよ」と保護者に伝えます。これは，保護者にとって，子どもへのかかわり方の新たなモデルとなります。また，学校で子どもが落ち着けば，保護者もうれしいので子どもをほめ，子どもとの関係もよくなります。子どもとの関係がよくなると，子どもの学校での生活がさらに安定してきます。

　ふだん保護者の相談にのっていると，「先生から電話があると，『あなたのお子さんは困ります』という内容ばかりだった」という経験をもつ人が多いことに驚かされます。ほめられる経験をすると，保護者もとても安心した気持ちになり，落ち着くことができます。不思議なことに，こちらが「このお母さん一生懸命やっているな」「今日も子どもががんばったところをほめよう」と自然に思えるようになると，保護者に対しても温かい気持ちが湧いてきて，先生自身の心にも余裕が生まれます。

4章 3節 保護者とパートナーになるために

1．パートナーシップがとりにくい2つのケース

　チーム援助の過程で，保護者とパートナーになりにくいケースが2つあります。その場合に保護者とどうつき合っていくかについて次に説明します。

■心理的な混乱が大きい場合

　わが子が問題状況を抱えると，保護者はだれしも混乱します。そして，自分の子育てを責めたり，自分自身を否定したりします。そのような気持ちがとても強い場合，保護者は無気力になったり，涙もろくなったり，おどおどしていたりと，教師が見ても一目で不安定であることがわかる状態になります（P83図4参照）。

　このような場合，保護者は教師や援助者に対して，対等な気持ちでかかわることができません。その結果，学校を避けたり，感情の起伏が激しくなって攻撃的になったりします。次のようにかかわることをお勧めします。

①当初，保護者にはカウンセリングニーズがあると考えられる。保護者の気持ちに十分に耳を傾け，信頼関係を築くことからスタートする。
②コーディネーターやスクールカウンセラーなど，保護者が相談したり支えてもらったりできる人を増やしていく。保護者を力づけ，心理的な負担を軽減していく。
③子どもの問題状況が解決に向かうような，具体的な援助案を示して実行していく。保護者はまだ不安定だが，合意をとりつつ，子どもへの援助を進めていく。

　このようなケースで，気をつける必要があるのが，「保護者・援助者間ギャップ」の存在です。子どもへの援助がスタートし，一定の成果が上がり始め，援助者たちがそれを評価しているにもかかわらず，「先生は何もしてくれない」「子どもはちっとも変わらない」と保護者が受け止め続けることがあります。なぜなら，このときの保護者は自分自身の内面の整理に目が向いているため，「子どものよい変化」を実感しにくくなっているからです。学校が行っている援助の内容や子どもの変化を，保護者にわかりやすく，できるだけ

混乱して心理的に不安定になっている保護者

子育てに対する疎外感・無力感・徒労感

- やりきれなさ　　　「一生懸命やっているのにうまくいかない」
- 周囲からの非難　　「みんな私の育て方のせいにする」
- わが子への不安　　「うちの子だけどうして？」「みんなはできるのに」
- 孤立　　　　　　　「誰にも頼れない」「母である私がなんとかしなければ」

⬇

心が揺れながら、子どもに対する見方がプラスに変化

- わが子の受容　　　「できないところもある」「いいところもたくさんある」
- 援助者との出会い　「○○先生はわかってくれる」

⬇

援助チームの一員として、親役割が充実

- 具体的な方策や情報が得られて、子育てに希望がもてる
- 援助チームの中で、信頼関係が広まる、深まる

⬇

子どもや母親自身の将来へ、展望がもてるようになる

- 不安はあるけどやっていけそうだ
- この子に必要なことがわかった

図4　心理的に不安定な保護者が援助チームの一員となるまでの心理的な流れ
（田村，2009より図を簡略化）

リアルタイムで伝えていくことがコツです。

■ 学校への要求が強い場合

　子どもが問題状況にあるとわかったとき，保護者はそれを何とか解決しようとして，わが子にしてほしいかかわりなどを，学校にお願いすることがあります。しかし，願いが通じなかったり，本意を汲んでもらえないと感じたとき，保護者は強い口調で学校の対応を責めたり，しだいに要求をエスカレートさせていったりすることがあります。先生方にとって，このような保護者の願いや要求はわがままに思えたり，学校ができることの限界が保護者に伝わらないというストレスを感じたりします。ときには，学校と保護者が対立の構造になって，ひどくこじれる場合もあります。そうなると，間にはさまった子どもも，ますます不安定になります（P85図5参照）。

　保護者の要求が強いケースでは，次のようにかかわることをお勧めします。

---

①まず，保護者の思いに耳を傾ける。「怒りは困り」（平木, 2005）であり，怒りを伴う強い要求の裏には「援助ニーズ」が潜んでいる。「保護者は何に困り，何をしてほしいんだろうか」と，保護者の強い要求の言葉を翻訳して考えてみることがポイントとなる。この翻訳作業は，先生方が保護者に感情的に巻き込まれないためにも有効である。

②要求が強い保護者の場合，コーディネーターなど，保護者と学校の両方の事情を理解できる人が間に入ることが理想的である。また，こじれているケースであればあるほど，コーディネーターに前述の「ＳＳＫＫＪＪ」（P75参照）が求められる。

③要求が強い保護者は，学校の対応に不備があることに目が向いている。そのため，この間に援助の成果である「子どものよい変化」が生じていても，それを実感することがむずかしい。援助者は，心理的な混乱が大きい保護者の場合と同様，「保護者・援助者間ギャップ」の存在を理解し，コーディネーターが中心となって，子どものよい変化を保護者に伝えることでギャップを埋めていく。さらにコーディネーターは，保護者と先生方の話題の中心が，「子どもにとって何が必要か」となるように常にリードしていく。

苦情や要求がエスカレートしている保護者

学校や教師への不満が噴出

- 教師との関係が悪化　「先生が悪い」「学校が悪い」
- 学校や教師への不信　「わかってくれない」「動いてくれない」

⬇

学校外へ助けを求めることにより，保護者の見方がプラスに変化

- 第三者の意見により，学校に対する違った見方に気づく
- 学校外に頼る相手ができ，余裕が生まれる

⬇

援助チームの一員となり，建設的な要望を述べる

- 解決志向の考え方に　「何ができるか」「どうなればいいか」
- 教師や学校と信頼関係ができはじめる

⬇

学校や教師の対応が理解でき，感謝が生まれる

- 自分自身の振り返り　「あのときは余裕がなかったな」
- 理解と感謝　　　　　「みんなよくやってくれている」

図5　苦情や要求が強い保護者が援助チームの一員となるまでの心理的な流れ
（田村，2009より図を簡略化）

2．保護者が援助チームの一員になるまで

　保護者が「自分の子育てを責めて心理的に混乱している場合」でも，「学校に対して要求が強い場合」でも，さらにそのような保護者にうまく対応できずに困っている先生方も，「子どものために役立ちたい。子どもの成長や発達を支えたい」という思いはみな同じです。

　図3は，保護者が援助チームの一員になるまでのプロセスを図で表したものです。保護者とチームを組むためには，次の3つのステップが必要になります。

■保護者が援助チームの一員となる3つのステップ

① STEP1　保護者が援助要請を行う

　保護者に大なり小なり他者の援助を求めるという行動がみられたら，それが援助チームの出発点となります。この時点での保護者の心理状態はどのような状態でもよく，さらに援助チームへのレディネス（準備状態）がなくてもいいことがわかっています。つまり，たとえ保護者が落ち込んでいても，要求が強くても，どのような状態であっても，何らかの援助を必要としている状態が連携のスタートになります。

② STEP2　コーディネーターの介在

　次に，保護者と学校とをつなぐコーディネーターの存在が必要となります。コーディネーターは，子どものことだけでなく，学校（教師）や保護者の事情についても理解し，そのうえで学校と保護者とをつなぐ役目を担います。実際には特別支援教育コーディネーター，教育相談係，教育委員会などの人や機関がコーディネーターの役割を担うことになるでしょう（コーディネーターの役割については，P19をご参照ください）。

③ STEP3　軌道修正

　信頼できるコーディネーターの存在により，保護者はそれまでの考え方や見方などを少しずつ変化させていきます。例えば，自分の子育てを見直したり，学校に対して厳しい評価をしていたのを見直したりします。このように，コーディネーターの介在によって，保護者の認知がプラスに変化したときが，援助チームの一員に招き入れるタイミングです。保護者の認知の変化を促進するためには，①保護者を支え力づける，②保護者自身の自助資源（いいところや得意なこと）を生かすことなどが重要です。

第4章 保護者とパートナーになるために

```
┌─────────────────────────────┬─────────────────────────────┐
│ 混乱して心理的に不安定になっている保護者 │ 苦情や要求がエスカレートしている保護者 │
│                             │                             │
│    保護者自身の              │      学校への                │
│  疎外感, 無力感, 徒労感      │   怒り, 不信感, 不満         │
│                             │                             │
│    保護者だけで              │  教師へぶつけてしまう怒りと  │
│    問題解決行動              │    教師との関係の悪化        │
└─────────────────────────────┴─────────────────────────────┘
                    ↓                    ↓
                 【STEP 1】
                   援助要請

┌─【コーディネーターの存在】─────────────────────────────┐
│                                                        │
│    子育てに専門性のある人や機関   学校に対して権限や権威のある人や機関 │
│    へ相談する                     へ助言を求める        │
│                                                        │
│                  【STEP 2】                            │
│             信頼できるコーディネーターの介在            │
│                                                        │
│    自分の子育ての見直し           学校への評価の見直し  │
│                                                        │
│                  【STEP 3】                            │
│                   軌道修正                             │
│                     ↓                                  │
│                 心理的に安定                           │
│                     ↓                                  │
│                 対等性の獲得                           │
│                     ↓                                  │
│         保護者が援助チームのパートナーとなる            │
└────────────────────────────────────────────────────────┘
```

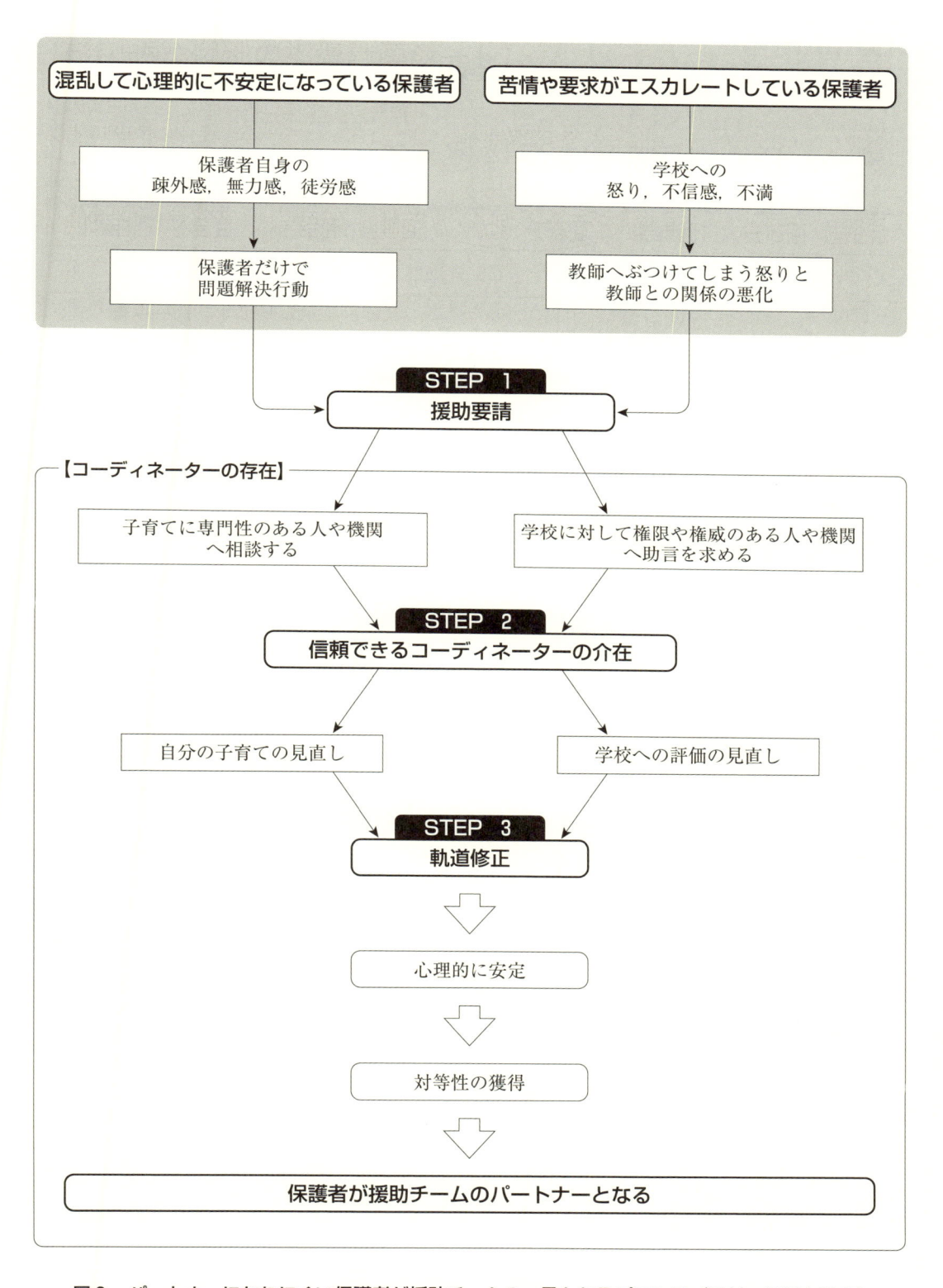

図6　パートナーになりにくい保護者が援助チームの一員となるプロセス（田村, 2009を改変）

Column 3

チーム援助で思春期を乗り越える

　小学校高学年から中学生・高校生にかけての時期は，いわゆる思春期といわれています。この時期は，子どもの成長や発達に伴い，思春期ならではの，友達関係や異性などの問題状況が発生してきます。発達障害がある子どもたちにとっては，思春期を乗り越えるためにさらに次のような壁があります。

1．友達関係構築がむずかしい

　思春期になると，子どもたちは非言語（表情など言葉以外のコミュニケーション）を積極的に使用し，複雑なコミュニケーションをし始めます。例えば，仲間同士にしかわからない言葉や合図を使ったり，目くばせなどで無言のやりとりをしたりします。非言語を読み取る力が乏しい子どもにとっては，これまで以上に場の雰囲気が読めなくなり，仲間集団に入りにくくなります。

2．異性への関心がない

　「好きな人」「あこがれの先輩」などの話は，この年代の子どもたちの最大の関心事です。異性への関心がまったくないと，仲間として認められ仲間集団に入っていくことがとてもむずかしくなります。「好き」という感情がわからないことで，恋の話（いわゆる恋バナ）についていけず仲間外れになりがちです。さらに，自分の好きな異性について秘密を共有する時期でもありますから，秘密を守れない子どもは，周りから距離をおかれたりします。また，多くの子どもたちが関心をもつ，アイドルやお笑い芸人，アーティストにも関心がないと，会話についていけないことがしばしば起きます。

3．異性への関心が強すぎる

　異性への関心が強すぎても問題となることがよくあります。とくにこだわりの強い子どもの場合には，気に入っている相手に「何度も手紙やメールを出す」「しつこく電話をする」「後をついていったり，追いかける」など，相手が嫌がっているということを理解できずに繰り返し，相手の家庭も巻き込んで大きな問題状況となることもしばしばあります。

4．「問題行動」が出現する

　年齢が高くなると，先生方の指示の言葉や，友達が使う言葉も抽象的なものになってきます。しかし，そのような言葉の意味を正確にとらえていないことから，意味を勘違いしたり，パニックになったり，逆恨みをしてしまうことがあります。

　また，部活などでぐるっと先生や先輩に囲まれると，子どもの目に映る景色ががらっと変わってしまい，その不安から大声を出したり暴れてしまったりすることもあります。

5．問題へ巻き込まれる

　最近は，携帯電話でのトラブルも多く発生しています。携帯電話は，個室を持ち歩いているようなものです。とくにメールのやりとりは密室性が高いため，好奇心から安易に性的な写真を送ったり，もらったりして問題になることも増えてきました。また，良識があるように見せかけた大人とメールのやりとりをしているうちに，相手を好きになって安易に会ってしまい，性的なことを要求されることもあります。思春期に性への関心が高まるのは自然なことですが，衝動性が強かったり刺激的なことを求めたりする傾向から安易な行動をとってしまう子どもも多く，このような危険は常につきまとっています。

6．精神症状が出やすくなる

　思春期になると，子どもたちは，「周りからどう見られるか」「自分とは何か」などと悩みをもち始めます。発達障害がある子どもたちも自我の成長につれて，周りと自分との違いを自覚したり，比較したりして落ち込むことが多くあります。

　「ボクはどうして何もかもうまくやれないんだろう」
　「ボクはなんで人よりもからかわれたり怒られたりするんだろう」
　「恋バナ（恋話）なんてどうして楽しいんだろう」
　「自分は人とどこか違うんだろうか」

　失敗の連続を経験してきていることが多く，さらに，これまで述べた1から6の困難さが出てくるために子どもの心には大きなストレスがかかります。その結果，夜眠れなくなったり，気持ちが落ち込んだりして精神症状が出やすくなることに留意します。

　このような子どもたちが思春期を健やかに乗り越えていけるためには，学校や家庭でチームを組んで情報を共有することがいちばん大切だと思います。そうすれば，「いま，子どもに何が起こっていて」「子どもに何をすることが必要なのか」が見えてきます。

第5章

特別支援教育における
チーム援助の事例

本章では，小学校・中学校・高等学校・適応指導教室でのチーム援助の事例を紹介します（事例3は，特別支援学校が地域コーディネーターの役割を果たした事例です）。プライバシー保護のために，事例の内容には脚色を施しています。

事例1	行動面の問題状況があるシンへのチーム援助——小学校1年生
事例2	集団生活への適応に苦戦しているマナブへのチーム援助——小学校1年生
事例3	行動面で苦戦しているアミへのチーム援助——小学校4年生
事例4	学校に行きづらくなったサヤカへのチーム援助——小学校6年生
事例5	学習面や集団生活に苦戦しているケイタへのチーム援助——中学校1年生
事例6	学習に苦戦しているミドリへのチーム援助——中学校1年生
事例7	高校生活への適応に苦戦しているユキへのチーム援助——高校1年生
事例8	居眠りや忘れ物が多いハヤトへのチーム援助——高校2年生

事例1 行動面の問題状況があるシンへのチーム援助

●援助対象　　　小学校1年生（ADHD）
●コーディネーター　養護教諭

経緯

シンは小学校1年生。授業中に突然教室を出たり，思いどおりにいかないことがあると，先生や友達に噛みついたりしてしまう。幼稚園のときから「自分本位な言動」が目立ち，友達とのトラブルが多かった。突然集団の場を離れたり，物をたたいて壊すなどの行動も頻繁に見られた。療育センターで医師からADHDとの診断を受け，現在は月に1回のペースで受診している。医師の判断で薬は服用していない。

(1) 苦戦への気づき

シンは，入学式から1週間は，教室から出ていくということはありませんでした。しかし2週目からは，机の上をピョンピョン跳んだり，いやなことがあると突然教室から飛び出したりするようになりました。そしてゴールデンウィーク明けからは，ほぼ毎時間，教室から出ていくようになりました。対応に困った学級担任から，養護教諭へ相談がありました。

学級担任からの相談内容は，「教室の中では目が届くが，体育館や運動場での授業，校外に出かけていくときなどは，1人でどこかに走っていってしまうのでとても心配」というものでした。

この時点では，シンがいなくなったときにはすぐに職員室や保健室に連絡を入れて，みんなで探しに行くという対策を決めました。

(2) 支援会議での話し合い（アセスメント）

担任からの要請を受け，5月中旬の「支援会議」で，シンの事例が取り上げられました。本校の支援会議では，毎週1回，放課後に，発達障害が疑われるケースや，不登校・虐待などさまざまな課題で学校生活に苦戦している子どもの援助について話し合います。メンバーは，管理職，養護教諭，特別支援教育担当，教育相談担当などで，学級担任や，その学級へ入っている特別支援教育支援員（以下，支援員）なども出席します。シンのケースでは，養護教諭，教育相談担当，学級担任のほかに，他の教職員からの情報も加えて，学校生活での苦戦について話し合いました。

学校で見せているシンの苦戦の状況は次のようなものでした。

知的能力・学習面　計算は得意だが，字を書くことは苦手。家庭で宿題になかなかとり

かかろうとせず，仕上げるのに時間がかかる。

「言語面・運動面」 注意力が散漫で，登校中も興味をひくものがあると，突然違う方向に走っていく。言葉で説明することが苦手。「あのね，あのね，シンはね」を繰り返す。

「心理・社会面」 友達と一緒に遊ぶことが苦手。チャイムなどルールを守ることが苦手。授業中に教室から突然飛び出す。

「健康面」 好き嫌いが多く，特に野菜が苦手。

「生活面・進路面」 Tシャツの前後や靴の左右がわからない。持ち物を忘れる。

学級担任からは，次のことが話されました。シンは授業中にじっとしていられず，立ち歩いたり，気に入らないことがあると，急に教室を飛び出していったりする。シンの後を追ったらいいのか，教室に残っている児童へどう対応をするかに悩んでいる。

養護教諭からは，次のような報告がありました。シンは友達と一緒に遊ぶことが苦手で，休み時間によく１人で保健室に来て，「ポケモン」や鳥の図鑑などを読んでいる。一度読み始めると，最後まで読み終えないとチャイムが鳴っても教室に戻ろうとしない。シンを注意すると，たたいたり，突然腕や足に噛みついたりすることがある。

これらのことから，①落ち着きのない子どもの場合，多人数の環境では学習効率がよくないので，少人数か個別の指導を考える必要があること，②課題を他児と同じ時間やり続けることはむずかしいので，時間を短く切って取り組ませる必要があることなどを確認しました。また，③シンの苦戦について理解を深め，よりよい支援を考えるために，主治医を訪ねて話を聞かせてもらうことにしました。

(3) 主治医からのコンサルテーション

シンは小学校入学前に療育センターで医師からADHDと診断されていました。そこで，養護教諭が母親から了解をもらって，学級担任と共に主治医を訪問しました。主治医からは次のようにコンサルテーションを受けることができました。

「学習面」 知能検査（WISC-Ⅲ）の結果，知的全般に遅れはない。算数はよく理解できている。国語は，人の話を聞いて理解することはできるが，自分で読んで理解する力が弱い。

「友人関係」 無理にほかの子どもと一緒に遊ばせようとするより，シンが楽しんで遊べる環境をつくるほうが大切。

「社会性」 どういうときに，どういう形でトラブルが起きているのかということをよく観察し，原因をつかんでから必要なスキルを習得させていく必要がある。

「衝動性への戦略」 興奮したり乱暴な行動をしたりすることに対しては，本人もコントロールすることがむずかしいので，説教や批判をせず，その場から離し，１人で落ちついたり考えたりする場所と時間を設ける。

(4) 援助チームの基盤つくり

主治医から聞いた話を受けて，６月中旬に保護者面談を行いました。母親はシンのこのような苦戦には気づいておらず，むしろいまでは叱りつけることによって行動を変えさせようとし，それでもうまくいかないときにはあきらめて放っておくということの繰り返しになっているということでした。

母親は，シンの行動について幼稚園の先生

事例1

たちから注意を受けることも多かったため，半ばあきらめ気味の様子も見られました。シンは幼いながらも母親のそういった態度に気づき，母親の注意にもバカにしたような行動をとったり，叱られても行動を改めないということがしばしばあるようでした。

そこで，保護者と周囲がシンをより理解し，よい環境をつくることでシンの成長を支えていきたいと考え，既に動き出していた，学級担任，校長，教頭，教育相談担当，養護教諭等の援助チームに，保護者が参加できるための基盤づくりにとりかかりました。

まず，ふだん母親の相談にのっていて，人間関係のできている養護教諭が，シンの援助チームのコーディネーターとなりました。そして，保護者の困っていることをていねいに聞き取り，信頼関係を十分に深めてから，チームでの話し合いに参加を促すこととしました。このような母親へのかかわりは，母親の心理的な安定を図るとともに，家庭でのシンの様子をさらに詳しく知ることにつながり，母親が何に一番苦戦しているのかということを整理することができました。

母親は，何度注意しても同じ失敗を繰り返すシンに対して，いら立ちを感じていました。また，いくら注意しても反省の見られないシンの態度を理解しかねている様子でした。幼稚園のころから，周囲からいつも責められているようで，気が休まる日がなかったというつらい気持ちが母親から話されるようになりました。そのしんどさを少しでも軽減し，シンがシンらしく生活できる環境をつくっていくために，具体的にどんなことができるのかを，シンの周りにいる援助者みんなで考えていくことを提案して，母親に「援助チーム会議」に参加してもらうことになりました。

(5) 援助チームでの援助

6月下旬，母親を含めてのシンの「援助チーム会議」をもちました（援助チームシートP99）。参加者は，教頭，養護教諭（コーディネーター），学級担任，母親，支援員，特別支援学級担当教諭の6人でした。

まず最初に，シンの周りにいるサポーター探しをしました。好奇心旺盛で，いろいろな場面で多くの人とのかかわりがあるシンの周りには，たくさんのサポーターがいることがわかりました（援助資源チェックシートP98）。

シンは突然教室から飛び出すので，日常的な援助者と同時に，緊急時の援助者も必要でした。そこで，援助案に合わせて，多くのサポーターの力を借りることにしました。とくに事務員のタナカさんは，いつも職員室にいて，シンをかわいがってくれており，シンもタナカさんのことが大好きでした。タナカさんは強力なサポーターになりました。

次に，シンのいいところを話し合いました。学級担任は，算数の計算問題が得意で発表をよくすることや，朝の読書タイムのときの集中力をあげました。養護教諭からは，保健室で描いてくれる絵がとても上手なこと，最近は学級担任に「保健室に行っていいですか」と許可をもらってから来ることができるようになったという話が出ました。母親からは，弟と妹にとてもやさしく，生き物が好きで，野鳥図鑑を見ては，弟と妹に説明をして

いることなどが出されました。
　いま困っていることについては，母親からは，次のようなことが話されました。
・書くのが苦手で宿題に時間がかかる。
・登校途中に興味のあるものを見つけると，その場から離れなくなる。
・母親が注意をしても「うるさい。バカ。あっちへ行け」と言い返し，行動を改めない。
　学級担任からは，次のことが話されました。
・文字が正確に書けない。
・人の話を最後まで聞くことができない。
・パニックが起きると外へ飛び出していくが，保健室で気持ちを落ち着けて教室へ戻ってくることができる。
　このようなシンのいいところと気になるところを考慮して，次のようにみんなで援助案を考えました。
・授業中に15分ごとに小休止を入れたり，授業形態を変えるなどの工夫をする。
・落ち着いて学習する習慣を身につけるために，特別支援学級を利用し，教師と1対1で学習する（漢字）。
・教室にいるときは支援員がそばにつき，本人のやりたい気持ちを確認しながら学習を進める（主導権は教師が握る）。
・授業の進め方では，視覚的にわかりやすい教材の提示の仕方を工夫する。
・宿題は保健室で済ませて帰ってもよいことにする。ただし本読みは家でする（個別の指導計画シートP100）。
・シンの情緒面の安定を図るため，養護教諭が，母親の面接を行う。
・登校中にシンが動かなくなってしまったときは，養護教諭が迎えに行く。
・学校の外に飛び出したときには，教頭と事務員がシンを探しに行く。
　この結果，夏休み前には，シンが授業中に教室から出ていくことは，ずいぶん少なくなりました。我慢できないときは，自分から「保健室に行ってもいいですか」と学級担任に許可をもらい，学習の課題を持って保健室に行くようになりました。また，休み時間の終わりのチャイムを気にするようになり，「あと何分？」「ここまで読んでもいい？」と聞き，次の行動へ移るために自分を納得させるようになりました。
　家では，シンが宿題を保健室で済ませて帰ってくるので，母親がゆったりとした気持ちでシンの本読みにつき合えるようになりました。そして，シンが本を上手に読めることや，いろいろな知識をもっていることに気づきました。母親がシンをほめることが増えてくると，弟と妹もシンのことを見直し，以前のようなからかいなどは少なくなってきました。
　情緒的に安定したことで，シンは学校での個別学習にも落ち着いて取り組めるようになり，苦手意識をもっていた書くことに対しても，少しずつ自信を取り戻していきました。
　10月にもう一度，「援助チーム会議」を開きました。シンが教室から出ることはほとんどなくなり，休み時間には友達に自分の作ったおもちゃの説明をする姿も見られるようになったことが報告されました。
　2年生への進級時に再度「援助チーム会議」を開き，養護教諭（コーディネーター）が援助チームシートをもとに次の学年へ引き継ぎを行い，翌年も援助方針を継続しました。

事例メモ

いつ援助シートを使ったか

1回目　5月……校内委員会での話し合いで使用。

2回目　6月★……援助チーム会議に使用。母親も話し合いに参加し，家庭での様子も聞きながら，いままでの援助の評価をし，援助案の見直しをした。

3回目　10月半ば……援助チーム会議で使用。シンができるようになったことを確認し，うまくいっている援助は継続し，あまり効果が見られないものについては修正を加えた。

4回目　進級時……次年度への引き継ぎ資料として使用。

シートがきっかけになってわかったことや情報

・シンの学校生活における苦戦がどのようなものであるかということ，それに対しての具体的な援助方法がわかった。

・特に知的能力・学習面について，シンの特性を理解することができ，よい面を生かしながら援助する方法を具体的に話し合うことができた。

・シンの情緒の安定を図るために，多動性を押さえようとせずに，「動ける保障」をすることが大切であることがわかった。

・見通しをもたせるために，予告をしたり視覚的に伝えることが有効であることがわかった。

援助のポイント

①子どもの自助資源を見つけるには，うまくいっている場面や時間帯を探す。

②些細な行動は気になってもできるだけ無視し（見守り），よい面があればすぐにほめる。

③よい行動は「その場」で「すぐ」に「具体的」にほめる。

④子どもと学級担任が1対1で話し合える時間を保障する。

⑤教室を離れて校内にほっとできる居場所をつくる。

⑥保護者もどうしていいかわからずに悩み傷ついているので，不安やつらさに耳を傾ける。

⑦かかりつけの医療機関の見立てや情報を，必要に応じて活用する。

【石隈・田村式 プロフィールシート】（　　年　月　日作成）記入者　　○○

[1年○組○番]
児童生徒名：シン　　　　　　　　　　担任名：ミヤタ

1　子どもの願いや苦戦している状況

シンは長い時間座っていることが苦手で，10分も座っていると我慢ができなくなり，席を立って教室の中を歩き回る。教室から外へ飛び出すこともあり，学級担任はその対応に困っている。友達と遊ぶことが苦手で，自分の好きなことに対しては時間を忘れて熱中してしまい，チャイムが鳴っても教室に戻らないことがたびたびある。それを注意されて，すねたり噛みついたりすることもある。字を書くことが苦手で宿題を済ませるのに時間がかかり，家庭で母親が手を焼いている。図鑑をたくさん読んでいて野鳥のことについて大変詳しく，将来は「鳥博士」になりたいと言っている。

2　学級・学校の様子（学級・学校の雰囲気，担任の方針など）

学級担任のミヤタ先生は，「読む・書く・聞く力をしっかり身につけ，自分の考えをはっきり言える子に育てたい」という方針である。学年の中でも落ち着いた，発表もよくできるクラスである。シンはチャイムが鳴っても教室に戻らなかったりするので，クラスの子からルールを守るように注意を受けることがある。友達は鳥の好きなマサト，となりの席のマナミの2人である。

3　家族（構成，子どもの問題状況のとらえ方，大切にしていることなど）

父親（会社員），母親（パート勤務），シン，弟（幼稚園生），妹（2歳）。
父親は仕事が忙しく帰りが遅いため，あまりシンとかかわることができず，母親が1人で3人の子どもたちの世話をしている。シンは幼稚園のときから先生に注意を受けることが多く，母親が子育てに自信をなくしている。弟と妹はとても元気で，兄をからかったりばかにするような態度をとることがあり，母親はこのことにも悩んでいる。

4　生育歴（発達課題の達成状況など）

幼稚園のときから「自分本位な言動」が目立ち，友達とのトラブルが多かった。興奮して突然集団の場を離れるなど，集団生活にうまく適応できずに苦戦していた。年中組のときに医師からADHDとの診断を受け，月に1回のペースで受診している。いまのところは医師の判断で薬は服用していない。

5　援助チームメンバー

保護者，学級担任，養護教諭，特別支援教育担当，特別支援教育支援員

6　援助者の願いや苦戦

援助者	願いや苦戦
学級担任	学級でのシンへの対応（教室から出る，チャイムが鳴っても帰ってこない）に苦戦。
養護教諭	シンが授業中に教室を出て保健室に来るので，どう対応していいものか悩んでいる。
母親	字を書くことが苦手で，宿題をするのを嫌がり，毎日てこずっている。

©Ishikuma & Tamura 2013

事例1

田村・石隈式 【援助資源チェックシート ネットワーク版】

記入日　年　月　日

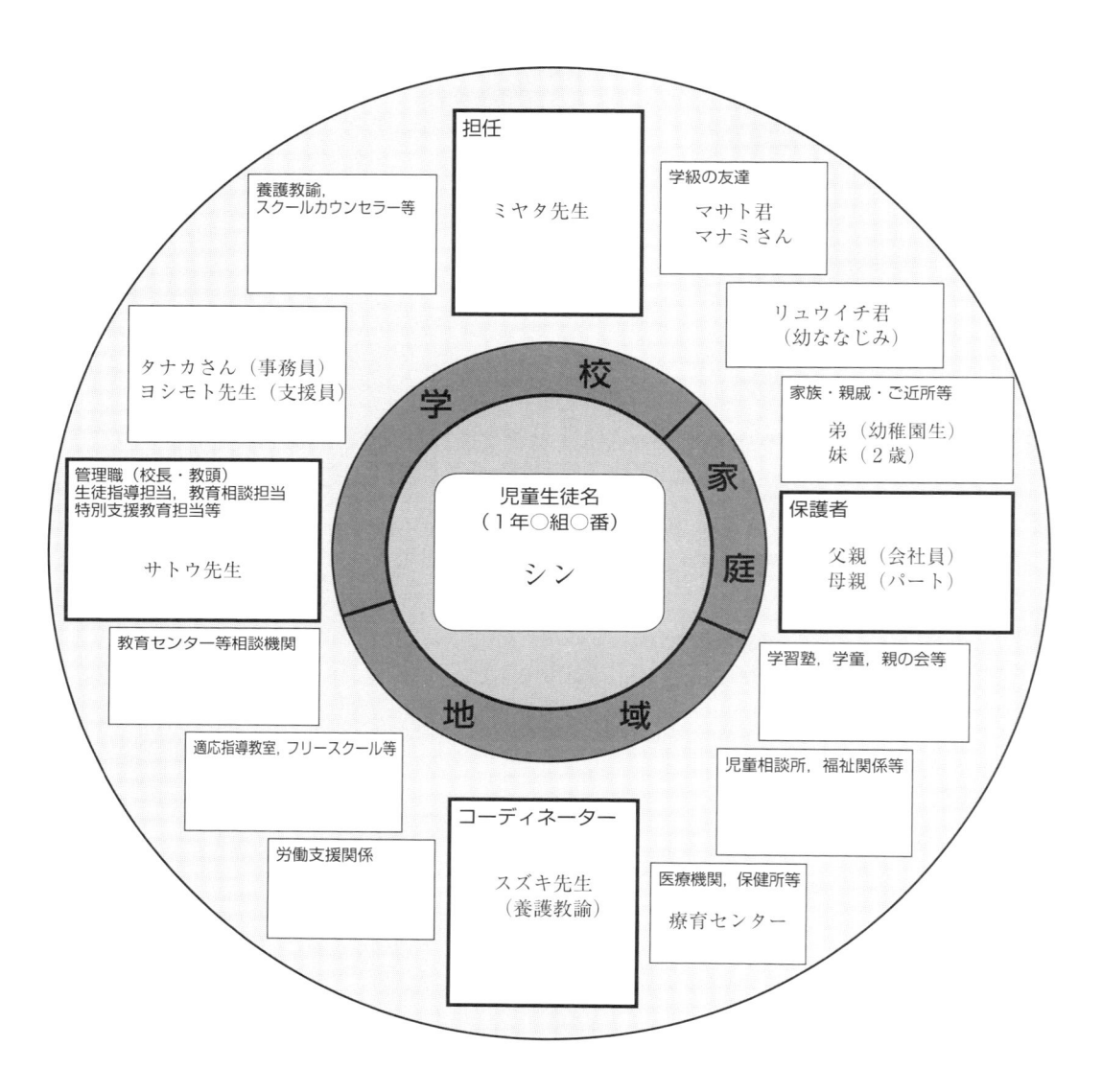

（中心）児童生徒名（1年○組○番）　シン

領域：学校／家庭／地域

担任
ミヤタ先生

学級の友達
マサト君
マナミさん

養護教諭，スクールカウンセラー等

リュウイチ君
（幼なななじみ）

タナカさん（事務員）
ヨシモト先生（支援員）

家族・親戚・ご近所等
弟（幼稚園生）
妹（2歳）

管理職（校長・教頭）
生徒指導担当，教育相談担当
特別支援教育担当等

サトウ先生

保護者
父親（会社員）
母親（パート）

教育センター等相談機関

学習塾，学童，親の会等

適応指導教室，フリースクール等

児童相談所，福祉関係等

労働支援関係

医療機関，保健所等
療育センター

コーディネーター
スズキ先生
（養護教諭）

©Tamura & Ishikuma 1997-2013

第5章　特別支援教育におけるチーム援助の事例

【石隈・田村式 援助チームシート5領域版】

実施日：○○年○月○日（○）　時　分～　時　分　第　回
次回予定：××年×月×日（×）　時　分～　時　分　第　回
出席者名：援助チームメンバー

苦戦していること（　教室の自分の席にじっと座っていられない　　　　　　　　　　　　　）

児童生徒名 1年○組○番 シン 担任名 ミヤタ		知的能力・学習面 （知能・学力） （学習状況） （学習スタイル）など	言語面・運動面 （言葉の理解や表現） （腕と手の運動） （上下肢の運動）など	心理・社会面 （情緒面）（人間関係） （ストレス対処スタイル）など	健康面 （健康状況） （視覚・聴覚の問題）など	生活面・進路面 （身辺自立） （得意なことや趣味） （将来の夢や計画）など
情報のまとめ	（A） いいところ 子どもの自助資源	・算数の計算問題が得意でよく発表する ・本が好き ・図工が得意 ・視覚情報よりも聴覚情報が得意	・たくさんの言葉や知識を知っている	・パニックになったときは1人で静かにしていると落ち着く ・1人で遊ぶのが好き	・健康 ・水泳の授業に参加することができる	・鳥類図鑑を見るのが好き ・絵や工作が得意 ・鳥博士になりたい
	（B） 気になるところ 援助が必要なところ	・字を正確に書くことが苦手 ・宿題に時間がかかる ・集中時間は10分 ・見て理解することが苦手	・自分の言いたいことを一方的に言う	・友達と遊ぶことが苦手 ・授業中に教室から飛び出す ・チャイムが鳴っても遊びたい	・好き嫌いが多く，給食を食べるのに時間がかかる	・Tシャツの前後や靴の左右を間違える ・机の周囲が乱雑
	（C） してみたこと いままで行った，あるいは，いま行っている援助とその結果	・算数の時間は支援員が横につく ・授業の展開を工夫する	・目を見てゆっくり話を聴くようにした ・1対1で話を聴く	・教室から外に出たときは，すぐに探しに行く ・居場所をつくる	・水泳のときには保健室で着替える	・正しく着衣できるよう声をかける
援助方針	（D） この時点での目標と援助方針	1　学習の苦戦への援助（書くことに対する苦手意識の軽減） 2　学校生活上のルールの適応（チャイムで行動できるようにする） 3　情緒の安定（授業中の立ち歩きや外に飛び出す行動を減らす） 4　保護者の子育ての自信の回復				
援助案	（E） これからの援助で何を行うか	①支援員がつき本人に「できる」という気持ちをもたせる ②授業中に15分ごとに小休止を設定する ③宿題は保健室で済ませて帰ってもよい。ただし本読みは家	①国語の時間は特別支援学級に通級する ②黒板に書かれた課題を支援員がわかりやすく読んで聞かせる ③1対1で話を聴く時間を多くする	①授業中に外に行くときは担任の許可をもらう ②保健室に「シンノート」を用意し自由に書かせる ③チャイムまであと○分ということを具体的に指示する	①「残さず食べる」という約束で，担任の許可をもらって保健室で給食を食べてもよいことにし，残さず食べたらほめる	①机の横に段ボール箱（シン箱）を置き，その中に自分の持ち物を入れる ②着替えるときは前もって服の前後や左右を確認し，うまくできたらほめる
	（F） 誰が行うか	①②学級担任，支援員 ③養護教諭，保護者	①特別支援学級担当 ②支援員 ③学級担任，支援員	①学級担任，支援員 ②養護教諭 ③学級担任，支援員，養護教諭	①学級担任，養護教諭	①学級担任，支援員 ②学級担任，支援員，養護教諭，保護者
	（G） いつからいつまで行うか	次の援助チーム会議まで	年度末まで	次の援助チーム会議まで	次の援助チーム会議まで	年度末まで

©Ishikuma & Tamura 1997-2013

事例1

【石隈・田村式 個別の指導計画シート】

作成日　　年　月　日（　）

児童生徒名：1年○組○番 [　　シン　　]
学級担任名：[　　ミヤタ　　]　　通級学級担任名：[　　　　]

——— このシートでのサポート対象に○をつけ，それについてシートを作成してください。———

（知的能力・学習面）　言語面・運動面　（心理・社会面）　健康面　生活面・進路面

GOAL	長期目標 （1年の間に伸ばしたい力）	知的能力・学習面，心理・社会面： チャイムに合わせて行動し，教室で学習ができる	
	短期目標 （学期で伸ばしたい力）	1 教室で集中できる時間が長くなる	2 チャイムで行動できる
PLAN&DO	援助で何を誰が行うか	・「できる」という気持ちをもたせる ①支援員がそばにつき，本人の気持ちを確認しながら学習を進める（主導権は教師がとる）。 ②課題ができたときはみんなの前でほめ，シールや表彰状などを渡す。 ③宿題は保健室で済ませて帰ってもよいことにする。 ・本人に合った学び方を工夫する ④国語の時間は特別支援学級に通級し，個別学習を行う。 ⑤板書の内容を支援員がわかりやすく読んで聞かせる。 ①②学級担任，支援員 ③養護教諭，母親 ④特別支援学級担当 ⑤支援員	・多動性を押さえようとせず，「動ける保障」をする ①15分ごとに，小休止を入れたり，授業の形態に変化をつけたりする。 ②外に出ていきたくなったときは「保健室に行ってもいいですか」などと必ず学級担任の許可をもらう。 ③多少の姿勢の崩れは容認する。 ・見通しをもたせる ④「あと○分」「100数えたら片づけよう」「ここまでやったら教室へ行こう」などと具体的にゴールを示す。 ⑤休み時間になったら，シンが作った工作の作品を使ってみんなで遊ぶ。 ①②学級担任，支援員 ③④学級担任，養護教諭，支援員，特別支援学級担当 ⑤学級担任，支援員
	いつ・どこで行うか	①②③次の援助チーム会議まで ④⑤年度末まで 学級，特別支援学級，保健室	①②③④⑤次の援助チーム会議まで 学級，特別支援学級，保健室
	学級経営・学校経営上の工夫，援助機関との連携，用いる教材など	＜工夫＞ 「具体的にほめること」と「シンに合った学び方を駆使すること」で，学習への意欲を育てる。 ＜教材＞ 絵カード，シール，表彰状	＜工夫＞ 活動単位を15分刻みにし，どの児童も集中しやすい授業を組み立てる。 ＜教材＞ 絵カード，大きな時計
SEE	評価 （うまくいったこと うまくいかなかったこと）		

©Ishikuma & Tamura 2013

事例2 集団生活への適応に苦戦しているマナブへのチーム援助

●援助対象　　　　小学校1年生（診断なし）
●コーディネーター　特別支援教育コーディネーター

経緯

マナブは小学校1年生。教師の指示をまったく聞かず，授業中に一方的に話しだし，注意されると興奮する。その結果，授業がストップしてしまうことがしばしばある。また，「ささいなこと」で友達とトラブルになり，相手を傷つける言葉を発したり，暴力をふるったりすることもある。そのため，ほかのクラスの保護者からも，子どもたちの安全について，学校の対応を迫る手紙が届くようになった。

(1) 苦戦への気づき

4月下旬，「マナブが学校に行きたくないと言うので，しばらく学校をお休みしたい」という内容のメールが母親から届きました。学級担任がすぐに家庭訪問をして対応を話し合い，しばらくは母親がマナブに付き添って登校することになりました。学校では，校長，教頭，教務，特別支援教育コーディネーター（以下コーディネーター），学級担任，養護教諭が集まって，それまでの経過と事実を確認し合いました。その結果，学校と母親の間ではマナブに対する認識の相違があることがわかりました。早急に母親との面談を行うことになりました。

面談では，マナブは道路に飛び出してしまうことがあるため，ひき続き母親に登下校の付き添いをお願いしたいこと，学校では，可能なかぎり全職員で対応していくので安心して登校させてほしいことを伝えました。また，ほかの子どもたちへの暴力や暴言を避けるために，教室では，学級担任以外にも，管理職や級外職員，または特別支援教育支援員（週1日来校）がマナブに付き添い，指導に当たることにしました。その際，支援員がマナブの一日の様子を観察して，記録を残すことになりました。

5月に入り，父親から申し出があり，両親とコーディネーター，学級担任での面談が行われました。面談で，学校でのマナブの行動や様子について説明したところ，両親のとらえ方は学校とはまったく違っていました。家庭では，弟が病気がちのためマナブは寂しい思いをしていると思うが，とくに困っていることはないということでした。そのためマナブの問題行動は，学校の対応や学級担任の指導のあり方に問題があるのではないかと両親は訴えました。

そこで，これからは，マナブの気持ちに配

事例2

慮しながら指導に当たることを両親に約束しました。そのうえで、学校でマナブが集団生活になじめず苦戦している現状があることについては、少しでも状況を改善していく必要があることを両親と共通理解しました。

そして、①今後も定期的に話し合いをもつこと、②マナブにとって集団でのかかわりが困難なときは、教室以外の居場所を確保し、そこで支援員が個別にかかわっていくこと、の了解を両親から得ました。

6月、コーディネーターはマナブにかかわる援助チームのメンバーを招集し、「援助チーム会議」を開きました。複数の援助者がマナブを観察して見立てを行っていたので、苦戦している状況が以下のようにはっきりしてきました。

知的能力・学習面 苦手なことには、プレッシャーを強く感じて、取り組もうとしない。間違いを指摘されると、ひどく興奮する。

言語面・運動面 体の動きがぎこちない。

心理・社会面 場面に応じた話し方ができず、一方的なおしゃべりになる。友達とうまくつきあえず、相手に対して命令口調になる。気持ちをコントロールすることがむずかしく、ルールを守ることができない。集団場面で緊張感が高く、周りがうるさいと落ち着かなくなる。

健康面 学校では、トイレに行かない傾向がある。

生活面・進路面 自分の当番や係にとりかかれない。

(2) 校内支援委員会での話し合い

マナブの事例は、「校内支援委員会」でも取り上げられることになりました。本校の校内支援委員会のメンバーは、管理職、コーディネーター、養護教諭、特別支援学級担任、各学年代表などで、月1回開催されます。また、子どもについての専門的な知見を得るために、巡回相談員を招いた事例検討会も実施しています。

マナブの事例では、援助チームが作成したプロフィールシート（P106）と援助チームシート（P108）をもとに、次のような援助方針を参加者で確認し合いました。

・落ち着かないときは、居場所を自分で選ぶように促す（保健室など）。
・暴れてしまったときは、別室でクールダウンする。別室では、マナブの好きな話題をもち出したり、興味をもっていることを話したりして、気持ちの切り替えを促す。
・一日一度はプレイルームで運動をする。
・「おはようございます」「さようなら」などのあいさつや「ありがとうございます」など、他者とかかわる言葉の練習を重ねる。
・学級担任や援助者が、早めにマナブのイライラのサインに気づき、適切な指示をする。
・友達への暴力については、学級担任などが割ってはいり、毅然とした態度で対応する。落ち着いてから、必ず理由を聞く。

(3) 検査によるアセスメント

6月の終わりに、再び両親との面談をもちました。そこで、この間に行ってきた援助の方針と、マナブの学習面・生活面での様子を、記録をもとに具体的に説明しました。そして、マナブが集団生活に適応していくための援助を、今後も続けていくことを確認しま

した。

　また，さらにマナブに合った援助を行うために，夏休みの間に，知能検査と医療機関への受診を行うことを両親へ提案しました。両親は，知能検査を行うことを承諾しましたが，医療機関については，マナブが行きたがらないだろうと考えていました。そこで，教育センターに依頼して，知能検査（WISC－Ⅲ）とバウムテストだけを，夏休みに実施することにしました。コーディネーターは，学校の指導に生かすため，検査結果を学校でも参考にしたい旨を，両親からあらかじめ了解を得ておきました。

　知能検査の結果，全検査IQは平均より高く，「言語性IQ」と「動作性IQ」にも大きな違いがなく，知的にバランスがよいことがわかりました。下位検査からは，人の話を適切に聞き取り，それを記憶しておく能力が，ほかの能力に比べて弱いことがわかりました。また，視覚認知や空間認知の能力が高いことから，聴覚刺激よりも視覚刺激に行動の基準をおいていることがわかりました。

　検査を行った教育センターの相談員からは，さらに，次のような指摘がありました。
・学校では，先生の注意や指導が耳に入らず，自分が目にしたものに興味をもつと，自分の基準で行動することが推測される。
・問題のある行動をした際に，言葉で論理的に説明するよりも，状況がわかるような絵などを用いて視覚的に訴えるほうが効果的である。
・さまざまな事柄に関する理解力があるので，工夫して根気強く説明していけば，理解が得られるようになる。

・指導内容は同じでも，指導方法を考慮することが必要である。集団生活の中に，随時個別指導を取り入れたり，別室で指導したりするなど，個別指導を重視することも考えられる。

　また，バウムテストの結果から，マナブ特有の世界観があることと，攻撃的な傾向があることが示唆されました。

(4) 援助チームの基盤つくり

　夏休み明けに両親と面談をもち，知能検査等の結果と，そこからわかったこと（前項参照）を，両親に伝えました。これまでのマナブに対する援助方針が適切であったことを確認することができ，2学期からの援助方針についても共有することができました（個別の指導計画シートP109〜110）。
・マナブの学級近くに個別指導のための学習室を設置し，集団へ適応できるまでは，そこを主な居場所として援助者と共に過ごす。
・マナブにその日の学習のスケジュールを決めさせる。内容については，学級担任の立てた学習計画に沿って行い，外部援助者を含めた援助チームで指導に当たる。
・学習室では，適宜ソーシャルスキルトレーニングも行っていく。
・休み時間には，援助チーム以外の職員が交代でかかわる。
・休み時間は，援助者の立ち会いのもと，学級の友達と数人で，教室や学習室で遊ぶ機会をつくる。
・小集団の学習を体験するために，マナブが望めば，特別支援学級での学習も取り入れる。

事例2

・両親にマナブの個別指導の様子を参観してもらい，感想や意見を聞いて取り入れていく。
・マナブが情緒的に安定してきたら，徐々に学級集団とのかかわりを増やしていく。
・学級担任は，学級の子どもたちに，マナブとのかかわり方のコツを伝える。

　コーディネーターは，マナブの援助にかかわる資源を整理し，さらに，空き時間の先生の時間割を作成して，学習室での個別指導の体制づくりをしました。これにより，援助チームのメンバー以外の職員も，マナブの援助にかかわれるようにしました。
　以上のことは，校内支援委員会で取り上げ，全職員で情報の共有化を図れるようにしました。また，専門家を講師に招いて，全職員を対象に，「発達障害」をテーマとした講演会と「ソーシャルスキルトレーニング」の研修会を開催しました。

(5) **援助チームでの援助**

　2学期の初め，マナブは，新しい教室（学習室）に戸惑いを見せ，はじめは入室を拒んでいました。そこで，マナブの大好きな恐竜の絵を入口にはったり，算数ドリルを恐竜がいっぱい出てくる教材に替え，問題ができたら恐竜シールをはるなどの工夫をしました。すると，次第に興味を示し，学習室で生活ができるようになりました。
　朝の会が終わると，マナブは学習室にやって来て，その日の時間割を自分で決めて取り組みました。好きな図工などは，自らすすんで学級で学習しましたが，その他の教科は，学習室で取り組むことを多く選びました。

　ソーシャルスキルトレーニングについては，巡回相談員を招聘し，いろいろな場面を想定した絵カードを使って，マナブへの学習を実施してもらいました。その際，相談員から，「マナブは言葉のうえでは理解しているように思えるので，実際の場面や，集団の中で練習を行うのが効果的である」との助言をもらいました。
　そこで，全校の掃除の時間に，援助者の指導のもと，段階を追って作業したり，援助者と分担して行ったり，常に作業量が見えるようにしたりすると，しっかりと遂行できるようになってきました。また，学級集団の中で，ルールがわかりやすいゲームや遊びを行ったり，国語の学習の「大きなかぶ」の劇を通して，ほかの子とかかわりがもてるようにしました。すると，マナブにも学級の子どもたちにも，少しずつ変化が見られるようになりました。
　保護者面談では，2学期が始まってから，マナブが学童クラブで友達とのかかわりを少しずつもてるようになってきたことを，両親が喜んでいる様子が見られました。学童クラブで異学年の子どもたちと小集団でのかかわりがもてたこと，学童クラブが学校の敷地内にあり，学校と学童クラブの援助者の連携がうまくいったことが，よい結果につながったと思われます。
　さらに，弟の体調がよくなって，マナブと母親のかかわりが増えてきてからは，情緒的にもずいぶん安定してきました。乱暴な言葉や暴力が少しずつ減るとともに，学級で学習する時間も増えてきました。
　そこで，マナブの居場所を，学習室から教

室に移していくことにしました。学習室での援助者の数を徐々に減らし、マナブがとても信頼している支援員におもにつき添ってもらうようにしながら、教室で過ごす時間を増やしていきました。学級への受け入れは、学級担任が行ってきた指導の成果もあってスムーズに進みました。そのうちに、支援員がそばにいなくても、教室で過ごせるようになりました。

また、教育相談員にお願いして、教室での学級担任や友達のかかわり方を観察してもらい、助言をしてもらうことで、学級担任もマナブとのかかわり方に自信がもてるようになりました。

12月に入ると、マナブはほとんどの時間を教室で過ごすようになり、友達とのトラブルも激減しました。そこで、すべての援助者が引き揚げ、チームでかかわる体制を終了しました。

2年生へ進級するときには、コーディネーターが援助チームシートをもとに引き継ぎを行い、新学年に援助方針を引き継いでいきました。

事例メモ

いつ援助シートを使ったか
1回目　6月★……マナブの苦戦の状況を知るために、援助チーム会議で使用。
2回目　7月……巡回相談員を招いての事例検討で援助案を立てるために使用。
3回目　3月……次年度の環境整備を行うために、引き継ぎ資料として使用。

シートがきっかけになってわかったことや情報
・マナブの学校生活における問題状況と具体的な援助方法がわかった。
・知的能力面や情緒面の問題について理解し、具体的な援助方法を話し合うことができた。

援助のポイント

①子どもの苦戦している状況について、保護者と援助者が同じ見方に立つ。
②援助チームの見立てや、知能検査の結果、専門機関からのアドバイスなどを、具体的な援助に生かす。
③できることをほめるところから始めて、子どもの自尊感情を高める。
④保護者と面談を重ねることで、信頼関係が生まれ、よりよい援助ができる。
⑤アセスメントや、ソーシャルスキルトレーニングなどの個別支援については、専門機関や外部の援助者などを、必要に応じて効率よく活用する。

事例2

【石隈・田村式 プロフィールシート】（　　年　月　日作成）記入者　アイダ

[1年○組○番]
児童生徒名：マナブ　　　　　　　　　　　担任名：コナカ

1　子どもの願いや苦戦している状況
　マナブは小学校への期待を膨らませて入学してきたが，学校という集団生活の中でのルールや先生の指示がよく理解できないようであった。先生が話をしていると，それをさえぎるように一方的に話しだしたり，先生に注意されると，暴言を吐いたりすることがたびたびあった。学習でも体育などの苦手な教科は参加せず，無理にやらせようとするとパニックが起こり，授業を中断させてしまうこともあった。さらに，友達とかかわりをもとうとするが，相手の気持ちを察することができず，相手が応じないと傷つける言葉を発したり，暴力をふるったりするため，孤立してしまう。また，緊張感もあってか，常にハイテンションで，周りがざわざわしていたり，行事などで集団が大きくなると，その雰囲気になじめず，そこから飛び出してしまうこともあった。

2　学級・学校の様子（学級・学校の雰囲気，担任の方針など）
　学級担任のコナカ先生は，「一人一人が安心できる学級づくり」を経営方針の1つに掲げている。学級の子どもたちは，マナブの行動に戸惑いを感じながらも受け入れてくれるやさしい面がある。担任も子どもたちが安心して生活できるように一人一人の子どもたちに配慮しながら指導をしている。マナブから暴力や暴言を受けた子どもがいたら，よく話を聞いてその子が安心できるように対応している。

3　家族（構成，子どもの問題状況のとらえ方，大切にしていることなど）
　父親（会社員），母親（パート勤務），マナブ，弟（幼稚園生）。
　父親は仕事が忙しく帰宅も遅くなるが，弟が病気がちで母親の手を必要とするので，マナブの世話をしたり，遊んだりしてくれる。学校との面談にも父親が参加する。マナブの問題行動は家庭ではみられないので，両親は学校の対応に問題があると考えている。弟が調子が悪いときは，母親がマナブを連れて実家に帰り，祖父母がマナブの面倒をみていることもたびたびある。

4　生育歴（発達課題の達成状況など）
　母親は病気がちの弟の世話に時間がとられがちだった。幼稚園でもマナブと友達とのトラブルが多かったようだが，入学時には，保護者からも幼稚園からも学校への相談はなかった。

5　援助チームメンバー
　保護者，学級担任，同学年担任，校長，教頭，教務，支援員，スクールカウンセラー，教育相談員，特別支援教育コーディネーター

6　援助者の願いや苦戦

援助者	願いや苦戦
学級担任	友達への暴言・暴力や，担任の指示に従えないことに苦戦。みんなと一緒に行動できるようになってほしい。
担任以外	個別のかかわりの中で，マナブの情緒の安定と集団生活の適応を願っている。
父親	友達との関係がよくなり，教室での学習や生活ができるようになってほしい。

©Ishikuma & Tamura 2013

第5章　特別支援教育におけるチーム援助の事例

田村・石隈式【援助資源チェックシート ネットワーク版】

記入日　　年　　月　　日

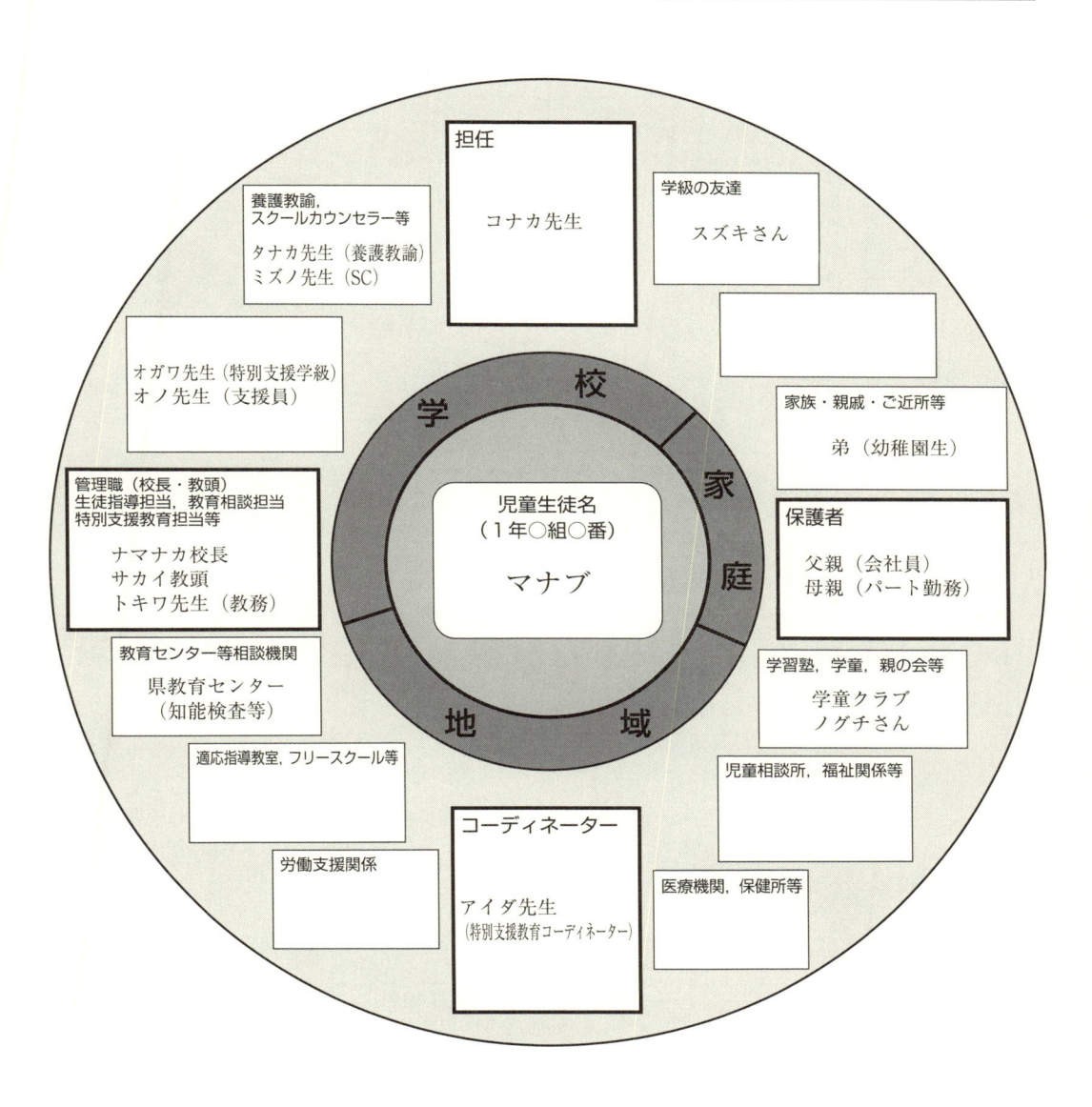

学校

担任
コナカ先生

学級の友達
スズキさん

養護教諭，スクールカウンセラー等
タナカ先生（養護教諭）
ミズノ先生（SC）

オガワ先生（特別支援学級）
オノ先生（支援員）

管理職（校長・教頭）
生徒指導担当，教育相談担当
特別支援教育担当等
ナマナカ校長
サカイ教頭
トキワ先生（教務）

家庭

家族・親戚・ご近所等
弟（幼稚園生）

保護者
父親（会社員）
母親（パート勤務）

児童生徒名
（1年○組○番）
マナブ

地域

教育センター等相談機関
県教育センター
（知能検査等）

適応指導教室，フリースクール等

労働支援関係

学習塾，学童，親の会等
学童クラブ
ノグチさん

児童相談所，福祉関係等

医療機関，保健所等

コーディネーター
アイダ先生
（特別支援教育コーディネーター）

©Tamura & Ishikuma 1997-2013

107

事例2

【石隈・田村式 援助チームシート5領域版】

実施日：○○年○月○日（○）　時　分～　時　分　第　回
次回予定：××年×月×日（×）　時　分～　時　分　第　回
出席者名：援助チームメンバー

苦戦していること（　　集団生活に適応できない　　　　　　　　　　　　　　　　　　　）

児童生徒名 1年○組○番 マナブ 担任名 コナカ		知的能力・学習面 (知能・学力) (学習状況) (学習スタイル) など	言語面・運動面 (言葉の理解や表現) (腕と手の運動) (上下肢の運動) など	心理・社会面 (情緒面)(人間関係) (ストレス対処スタイル) など	健康面 (健康状況) (視覚・聴覚の問題) など	生活面・進路面 (身辺自立) (得意なことや趣味) (将来の夢や計画) など
情報のまとめ	（A）いいところ 子どもの自助資源	・いろいろなことに興味をもつ ・記憶力がよい ・好きなことに，集中できる（読書など） ・図工が好き ・計算が得意	・楽しさを体で表現 ・語彙が豊富	・やさしい ・友達をつくりたいという気持ちがある ・家族が好き ・気持ちを表せる	・食欲がある	・恐竜が大好き ・図鑑が好き
	（B）気になるところ 援助が必要なところ	・こだわりがある。苦手なことを，やろうとしない ・間違いを指摘すると，パニックになる ・体育が苦手	・体の動きがぎこちない	・相手の立場を考えて話すことができない ・衝動をコントロールできない ・ときどき命令口調になる	・学校ではトイレに行けない	・話題が恐竜に偏る ・着替えができない ・自分の当番や係の仕事ができない
	（C）してみたこと いままで行った，あるいは，いま行っている援助とその結果	・本人の得意な分野からアプローチし，その日の課題に徐々に移行することができた	・トランポリンを勧めるとずっとやり続けた	・叱る口調ではなく，やわらかく言うと，自分から直すことができた		・当番や係の仕事などは，やり方をていねいに指導するとできることもあった
援助方針	（D）この時点での目標と援助方針	1　情緒の安定を図る　2　学習の援助やソーシャルスキルトレーニングを個別に行う　3　保護者に学校生活の様子を見学してもらい，援助ニーズを共有する　4　チームでかかわり，学級担任をサポートする				
援助案	（E）これからの援助で何を行うか	①図工などは，援助者が付き添って学級で学習 ②苦手な教科は，本人と相談して課題と量を決める（別室） ③課題ごとに評価を行い，必ずほめる	①個別学習では，毎日運動を取り入れる（平均台，トランポリンなど） ②コミュニケーションをとるときは，ゆっくりていねいに話す	①禁止ではなく行動を促す言葉をかける（〜しよう） ②あいさつや感謝の言葉などを場面に応じて繰り返し練習する ③休み時間に援助者も入って少人数の友達と遊ぶ ④友達への暴力に対しては，毅然とした態度で対応する		①当番や係の仕事のやり方を援助者がやって見せながら，ていねいに教える
	（F）誰が行うか	①②③学級担任，支援員	①②学級担任，支援員	①②③④学級担任，支援員		①学級担任，支援員
	（G）いつからいつまで行うか	←　　　　　　　　　　修正を加えつつ夏休み前まで継続　　　　　　　　　　→				

©Ishikuma & Tamura 1997-2013

【石隈・田村式 個別の指導計画シート】

作成日　　　年　月　日（　）

児童生徒名：1年○組○番 [　　マナブ　　]
学級担任名：[　　コナカ　　]　　通級学級担任名：[　　　　　]

――― このシートでのサポート対象に○をつけ，それについてシートを作成してください。―――

（知的能力・学習面）　言語面・運動面　　心理・社会面　　健康面　　生活・進路面

GOAL	長期目標 （1年の間に伸ばしたい力）	知的能力・学習面： 苦手な教科に取り組める	
	短期目標 （学期で伸ばしたい力）	1 自分の決めた課題が行える	2 教室で受けられる授業が増える
PLAN&DO	援助で何を誰が行うか	・個別の学習を行う ①朝，学習室で一日の学習の計画を立てて，スケジュールを視覚化する。 ②課題ごとに評価を行い，できたことをほめる。 ③本人の好きなキャラクターを利用して興味づけをする。 ④課題の内容と量については，本人とコミュニケーションをとりながら自分で決めさせる。 ①②③④支援員	・教室では，支援員がつき添う ①支援員が教室での学習内容を伝え，本人の気持ちに寄り添いながら，参加の動機づけを行う。 ②小集団や教室での学習には，支援員がつき添って，学習内容を説明したり，学級担任の話を補足したりする。 ③やれたことをほめることで，自信をもたせる。 ①②支援員 ③学級担任，支援員，特別支援学級担任
	いつ・どこで行うか	保護者面談後から次の保護者面談まで ①②③④学習室	保護者面談後から次の保護者面談まで ①②学習室 ③教室，特別支援学級
	学級経営・学校経営上の工夫，援助機関との連携，用いる教材など	<知能検査の結果> 　視覚優位の援助が有効 <工夫> 　課題の明確化と評価で，自尊感情を高める。 <教材> 　マナブの興味をとり入れる	<心理検査の結果> 　自己肯定感を高める援助が必要 <工夫> 　安心感をもたせるために，段階を追ってステップアップする。
SEE	評価 （うまくいったこと うまくいかなかったこと）		

©Ishikuma & Tamura 2013

事例2

【石隈・田村式 個別の指導計画シート】

作成日　　　年　月　日（　）

児童生徒名：1年○組○番 [　　マナブ　　]
学級担任名：[　　コナカ　　]　　通級学級担任名：[　　　　　　]

― このシートでのサポート対象に○をつけ，それについてシートを作成してください。―

知的能力・学習面　　言語面・運動面　　(心理・社会面)　　健康面　　生活面・進路面

GOAL	長期目標 (1年の間に伸ばしたい力)	心理・社会面： 友達と良好な関係がもてる	
	短期目標 (学期で伸ばしたい力)	1 情緒が安定する	2 友達とのかかわり方がわかる
PLAN&DO	援助で何を誰が行うか	・受容と共感を大切にする ①本人とのコミュニケーションを大切にしながら個別に寄り添ってかかわる。 ②禁止の言葉ではなく，行動を促す言葉をかける。 ③情緒の安定が見られるようになったら，徐々に学級集団でのかかわりを増やしていく。 ・家族とのかかわりを増やす ④保護者とマナブの2人だけの時間をもつようにする。 ①支援員 ②③学級担任，支援員 ④保護者	・実際の場面で教える ①教室での場面を想定したソーシャルスキルトレーニングを行う。 ②あいさつや感謝の言葉などを，場面に応じて繰り返し練習する。 ③休み時間に支援員も入って，少人数の友達とゲームなどをして遊ぶ。 ④友達へ乱暴したときは，毅然とした態度で対応する。 ・学級集団を育てる ⑤学級の子どもたちにマナブへのかかわり方を指導する。 ①支援員 ②③④学級担任，支援員 ⑤学級担任
	いつ・どこで行うか	保護者面談後から次の保護者面談まで ①学習室 ②③教室，学習室 ④家庭	保護者面談後から次の保護者面談まで ①学習室 ②③④教室，学習室など ⑤教室
	学級経営・学校経営上の工夫，援助機関との連携，用いる教材など	<心理検査の結果> 　特有の世界観がある <工夫> 　受容と共感により，マナブの気持ちに寄り添うことで情緒の安定を図る。	<知能検査の結果> 　行動の視覚化と短い指示が有効 <工夫> 　段階を追って達成感をもたせる。個別から小集団，集団へと移行する。 <教材> 　SSTカードの活用，エンカウンター
SEE	評価 (うまくいったこと うまくいかなかったこと)		

©Ishikuma & Tamura 2013

事例 3　行動面で苦戦しているアミへのチーム援助

●援助対象　　　　小学校4年生（広汎性発達障害）
●コーディネーター　特別支援教育コーディネーター，特別支援学校の地域支援担当

経緯

アミは小学校4年生。3年生の後半から授業に集中できなくなり，立ち歩いたり，友達のちょっとした言葉にカッとなることが目立ってきた。家庭ではゲームに熱中するあまり夜更かしが増え，学校へ遅刻する日が増えていた。母親が何度言っても聞かず，殴ったり蹴ったりしてくることも見られるようになったので，学級担任と母親が相談を続けてきた。また，母親は地域の相談機関にも子育てについて相談してきた。

(1) 苦戦への気づき

3年生の半ばからアミが授業に集中しなくなり，学級担任はアミの状況について特別支援教育コーディネーターに相談してきました。コーディネーターからの助言を受けて，学級担任はルールの確認をしたり，個別に声をかけるなどアミとていねいにかかわるよう心がけてきました。

その後，母親からも相談があったことを受けて，学級担任はコーディネーターと話し合い，「校内支援委員会」でアミの事例を報告・相談しました。本校の校内支援委員会のメンバーは，管理職，特別支援教育コーディネーター，養護教諭，特別支援学級担当などで，事例の子どもの学級担任も出席します。

校内支援委員会でアミは個別指導の必要があると判断され，週1時間の個別指導を行うことになりました。ちょうど校内では「チャレンジルーム」という個別の指導ができる部屋を用意し，コーディネーターが時間をやりくりして個別指導を行う校内支援体制の試みが始まっていました。授業に集中できないことが多くなっていたアミに対し，チャレンジルームを利用して，興味のもてる題材を中心に個別指導が進められました。また，学級担任だけでなくコーディネーターや養護教諭も声かけを多くし，折にふれてアミについての情報交換を行いました。

しかし，学級の一斉指導のなかでは授業に集中できない様子が引き続き見られ，友人とのトラブルもなかなか減りませんでした。放課後の学童保育でもトラブルが目立ってきました。家庭ではテレビゲームをめぐって母親と口論が増え，生活リズムの乱れから遅刻が増えるという課題が大きくなってきました。

保護者は，地域支援センターの役割を果たしている特別支援学校の地域支援担当にもアミのことを相談しているということでした。

そこで、学校外の機関も交えて「拡大ケース会議」を開き、今後の対応を考えることにしました。

(2) 外部機関を交えた拡大ケース会議

アミが4年生になった4月下旬、教育委員会の指導主事と、保護者支援に当たっていた特別支援学校の地域支援担当に授業を参観してもらい、放課後に拡大ケース会議を行いました。校内の管理職をはじめ、特別支援教育コーディネーター、学級担任、前担任、養護教諭のほか、校外から指導主事（教育委員会）、学童指導員（学童保育）、地域支援担当（特別支援学校）が参加して、アミの情報を共有しました。

学校や家庭で見せているアミの苦戦の状況は次のようでした。

知的能力・学習面　知的な遅れは見られないものの、意欲的に学習に向かえなくなっており、とくに国語の作文や算数の文章題にはまったく取り組もうとしない。計算問題や図形には興味をもって取り組むこともある。

言語面・運動面　言葉は理解しているが、状況を説明したり、自分の思いを伝えたりするのは苦手。運動は得意で外に出て体を動かすことが好き。

心理・社会面　ちょっとしたことでカッとなりやすく、友達とトラブルが頻繁に起こる。授業中は話を聞いていないことが多く、爪噛みなどが目立つ。

健康面　朝起きられず、登校してもボーっとしていることが多い。しばらく、保健室で過ごしてから教室に行くことが増えている。

生活面・進路面　家から学習に関係ない物を持ってくることがあり、そのことに関する担任の指示には従えないことが多い。家ではゲームに熱中するあまり、入浴を嫌がったり、宿題に向かえないことが頻繁にある。

授業を参観した指導主事と地域支援担当からは、次のような観察結果が報告されました。

・授業中は集中しないことが多いが、具体物があれば取り組め、視覚的提示にはパッと注意を向ける。
・指示は聞いているが、状況の読み取りの悪さから自分本位の行動になってしまったり、友達とかかわりたいのにどうかかわってよいかわからず、とまどったりしている。
・切り替えの苦手さから、嫌な気持ちを引きずってしまう。

また、学童保育の指導員からは、自分本位のルールをつくってしまうことがあり、気に入らないと衝動的に手が出てしまったり喧嘩になったりすることが多いが、個別に説明すれば納得できることが報告されました。

さらに、保護者の了解のもと、これまでにかかった医療機関や児童相談所の情報も伝えられました。

アミは医療機関で広汎性発達障害と診断を受け、服薬をしているということでした。また、児童相談所で知能検査（田中ビネーとWISC−Ⅲ）を実施したところ、どちらの検査も年齢相応で知的な遅れはありませんでした。経験したことや具体的なことはよく理解できるが、場の雰囲気や状況の読み取りの苦手さがあること、言語・聴覚的なものより視覚的な提示のほうが入りやすいこと、言葉で説明することの苦手さがあり、集団の中では力を十分に発揮できない可能性があることも

わかりました。

5月の連休明け，これらの情報をもとに，アミの学校生活や家庭生活での苦戦について，どのように援助したらよいかを，さらに話し合いました（援助チームシートP118）。

学級担任からは，アミが興味のもてる題材で発表の機会を増やしたり，ほめる場面を多くするように心がけているが，友達とのトラブルの多さにどう対処してよいか困っていることが問題として出されました。アミは注意を受けることが多いため，自己肯定感が低くなっていることが予想されました。

また，状況を十分理解できないまま周囲から多くのことを言われることが，さらに混乱を招いていること，友達とかかわりたいのにその思いがうまく伝えられず不全感が募っていることが共通理解されました。アミの苦しさに焦点が当てられ，学校の中でできる最善の方法を参加者全員で考えました。

個別に説明をすれば納得でき，また，1対1の関係では情緒的に安定している等の情報から，個別にかかわる時間をもっと増やして，成功体験を積むことで自己肯定感を高める必要があることが確認されました。

しかし，それには現在の学校の体制では限界があるため，特別支援学級への在籍替えも視野に入れることが出されました。友達とかかわりたいというアミの願いを大切に，生活の母体を通常学級におきながら，アミの周囲で起こる出来事を特別支援学級担当が一つ一つひもといて説明することで，アミの気持ちの受け止めも十分できるようになるのではないかということが話し合われました。

また，授業では視覚的な提示を増やし，短く具体的な言葉で伝えること，個別の声かけを増やして見通しがもてるようにし，安心して生活できるように配慮する必要があることが話し合われました。

(3) 保護者の思いを受け止める

この会議を受けて，学校と保護者の話し合いがもたれました。保護者の思いを受け止めることに重点をおいた話し合いの中で，保護者からは，個別指導の必要性を感じてはいるものの，特別支援学級への在籍替えには不安を抱いていることが語られました。

そこで管理職が，特別支援教育の意義，特別支援学級の位置づけなどのほか，いままでの「特殊教育」から個のニーズに対応するための「特別支援教育」に転換しつつあること，そのための「支援」学級であり，個別の支援が必要なくなればいつでも通常学級に戻れることを保護者に説明しました。そのうえで，しばらくはアミにこれまでと変わりなく通常学級を母体とした生活を保障し，「チャレンジルーム」の部屋で特別支援学級担当がアミの個別の指導に当たることなどを確認しました。

また保護者からは，家庭での基本的な生活習慣を立て直そうとするのだが，それになかなか従えないアミの苦戦の様子が語られました。感情的になってアミの手が出てしまうことも多く，また，遅刻が増えたことで保護者の勤務にも影響が出始めていること，保護者が心身共に疲弊していることがわかってきました。

保護者の日々の大変さを受け止めながら，外部資源の有効利用を進めていくこと，学校

事例3

でできたことを家庭でもほめることで，アミの自尊感情を高めていくことなどの援助方針を話し合いました。

(4) 校内の援助チームでの援助

アミの苦戦の状況と保護者の思いを共通の場で確認できたことから，コーディネーターは，具体的に校内でのチーム援助を開始しました。

まず，アミ本人の気持ちを第一に考えて，学級担任と連絡を密にとりながら，チャレンジルームで特別支援学級担当がアミの個別指導を行いました。特別支援学級担当はこれまでもアミへの言葉がけを頻繁に行っていたので違和感なく受け入れられ，アミはいつの間にかチャレンジルームでなく特別支援学級の教室に入り込んで授業を受けるようになりました。

このような様子から，アミは1学期半ばから特別支援学級に在籍替えをすることになりました。保護者，特別支援学級担当（4人），通常学級担任，コーディネーター，養護教諭によるチーム援助も軌道に乗り始めました。

特別支援学級担当は，保護者と協力して生活習慣の立て直しを図るため，アミと話し合って，朝は家までアミを迎えに行くことにしました。また，学校では次のような援助案を考えました。

・学習予定を視覚的に提示し，見通しがもてるようにする。
・終わりの時間を提示することで活動の切り替えがスムーズにできるようにする。
・できること，興味のあることを中心に活動を組み，とりかかれたらほめる。
・苦手な課題の後に好きな課題を織り込み苦手なことにも向かえるようにする。
・きまりを守れるよう事前に声かけをする。
・話をよく聞き，アミや相手の気持ちを言語化する。また，状況を視覚化して示す。
・家庭と連絡を密にとり，できたことを連絡帳に書いて家でもほめてもらう。

こうした援助を通して，アミは一輪車や縄跳びなど意欲的に取り組めるものが増え，目標をもってがんばれるようになってきました。集団のなかでは取り組むことがむずかしかった掃除や給食当番も，個別に教師がかかわることで取り組めるようになり，そのたびに「できたね」「すごいね」と何人もの先生からほめられました。

(5) 地域の援助チームとの協働

登校時に教師に迎えに来てもらうようになってから，以前より早く起きられるようになったアミでしたが，家庭での生活にはまだ課題が残っていました。ゲームのルールが守れず，そこから家族間でトラブルになることが多くありました。

保護者は地域の短期入所施設で，親子が一緒に2泊3日を過ごす事業を行っていることを知り，生活習慣立て直しの一助になればという思いで，申し込みをしました。保護者への支援を続けてきた特別支援学校の地域支援担当から，「夏休みの貴重な体験にもなる」と勧められたことも後押しになりました。

そこで7月に，この施設の相談担当，児童相談所，地域支援担当が学校に集まり，夏休みのアミの生活を支える目的で，学校の職員

とケース会議を開きました。長い夏休みを有意義に過ごすため，学校はプール開放などを利用してアミの活動の場の提供と家庭との連絡，短期入所施設はアミと保護者の共通体験の提供，児童相談所と特別支援学校は保護者の支えという役割分担をしました。

2泊3日の体験では，保護者はいつもの反抗的なアミの姿でなく，友達といい表情で活動する生き生きとしたアミを知ることができ，わが子のがんばりや成長を実感することができました。また，ほかの保護者と触れ合うことで，自分を見つめ直す機会にもなりました。アミは母親から認められたり，友達と活動したりする中で「自分もやれる」という自信をつけることができました。

体験の成果はチームで共有し，保護者の行動力により有意義な夏休みが過ごせたことをみんなで喜び合いました。保護者は積極的に地域資源の活用を考えるようになりました。

5年生になると，アミは，特別支援学級の担任が迎えに来なくても「9時」の約束を守って校門に駆け込んでくるようになりました。交流教育で通常学級の話し合い活動に参加したときは，みんなから一斉に言われたことが我慢できずにトラブルになりましたが，特別支援学級担当と状況を整理し，どうしたかったのかを帰りの会でみんなにしっかりと伝えることができました。大好きなリコーダーのことは，通常学級の担任が誰よりもよくわかってくれて，みんなのリーダーとして練習に励みました。

自己コントロール力も少しずつ育ってきました。休み時間に友達とトラブルになったとき，さすがにすぐに掃除にとりかかれませんでしたが，見守ってくれている特別支援学級担当に「後で話聞いて」とぽつんと言って，掃除に駆けていく姿がみられました。

事例メモ

いつ援助シートを使ったか
1回目　4年生4月★……指導主事と地域支援担当を交えた拡大ケース会議で使用。
2回目　4年生5月……校内の援助チーム会議で使用。

シートがきっかけになってわかったことや情報
・アミの学校生活における問題状況と具体的な援助方法がわかった。
・学習面や情緒面の問題について理解し，具体的な援助方法を話し合った。

援助のポイント
①保護者や担任が援助方針を統一する（知能検査などの活用。専門機関との連携）。
②検査結果を生かして援助を行う。
③できそうな課題を提示し，子どものいいところを認めて自尊感情を高める。
④保護者も傷ついているので，不安やつらさに耳を傾ける。
⑤専門機関などの他の援助資源を，必要に応じて活用する。

事例3

【石隈・田村式 プロフィールシート】（　年　月　日作成）記入者　キタヤマ

[4年○組○番]
　児童生徒名：アミ　　　　　　　　　　　担任名：ニシカワ

1　子どもの願いや苦戦している状況
　3年生の後半から多動が目立つようになる。学習に集中できないことが多くなり，授業中に立ち歩いたり，友達の持ち物をさわってトラブルになることも出てきた。4年生になると，着席していても爪を噛んだり，手遊びをすることが多くなり，教室から出ていくことも見られるようになった。友達が大好きで外で元気に遊ぶが，些細なことでトラブルになり，担任が話を聞くと「一緒に遊びたかっただけ」という言葉が返ってきた。家庭ではゲームに熱中して夜更かしが増え，朝起きられずに遅刻することも増えてきた。最初は約束を守って遊んでいたゲームも，だんだん終わりの時間を守らないことが多くなり，叱られることが増えた。ついイライラして喧嘩になり，母親に手が出てしまうこともある。

2　学級・学校の様子（学級・学校の雰囲気，担任の方針など）
　学級担任のニシカワ先生は，「きまりを守って楽しいクラスにしよう」という方針である。学級全体の雰囲気は，学年の中でも活発で明るいクラスである。アミは家庭から学習に使わない物を持ってきたり，順番を守らなかったりすることで，友達とのトラブルが多く，学級担任は対応に苦慮している。

3　家族（構成，子どもの問題状況のとらえ方，大切にしていることなど）
　母親（会社員），アミ，弟（小学生）。
　母親は会社では指導的立場にあり，責任感も強い。弟はおとなしく親のいうことをよくきく。母親は仕事が忙しいなかで，できるだけ子どもとの時間を取ろうと努力している。規則正しい生活をしたいと望んでおり，最近のアミの様子に悩んでいる。

4　生育歴（発達課題の達成状況など）
　幼稚園のころは「明るい」「積極的」「落ち着きがない」と，担任から言われた。

5　援助チームメンバー
保護者，学級担任，養護教諭，特別支援教育コーディネーター，特別支援学級担当
外部資源……児童相談所，医療機関，特別支援学校地域支援担当，短期入所施設

6　援助者の願いや苦戦

援助者	願いや苦戦
学級担任	学級でのアミへの対応（授業に集中しない，友人とのトラブル等）に苦戦。
養護教諭	アミが保健室に頻繁に来るので，学級担任とよく情報交換をしている。
母親	遅刻が増え始めたことを心配している。アミの生活リズムを立て直したいと思っている。

©Ishikuma & Tamura 2013

第5章　特別支援教育におけるチーム援助の事例

田村・石隈式【援助資源チェックシート ネットワーク版】

記入日　　年　　月　　日

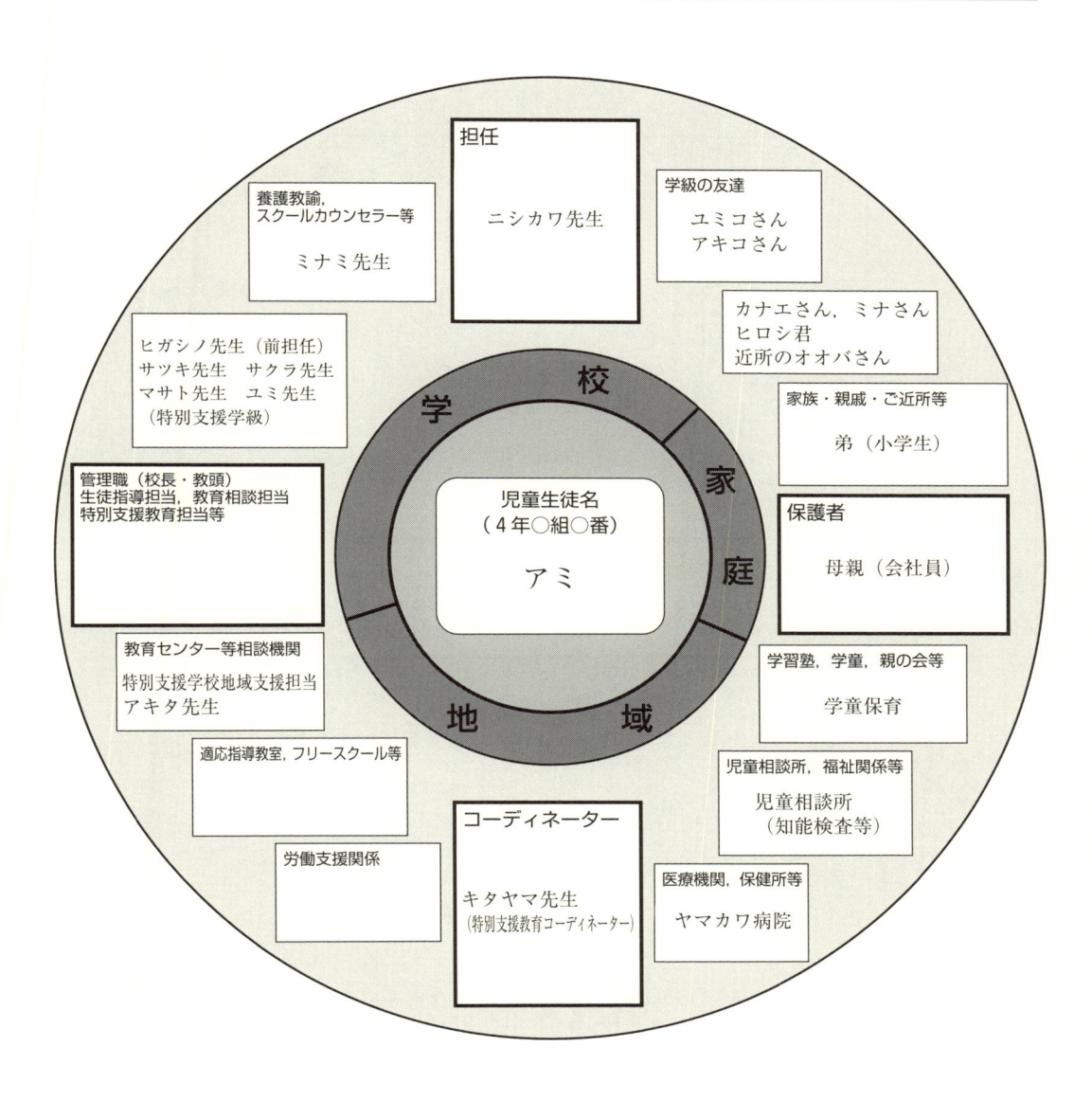

児童生徒名
（4年○組○番）
アミ

学校／家庭／地域

担任
ニシカワ先生

学級の友達
ユミコさん
アキコさん

カナエさん，ミナさん
ヒロシ君
近所のオオバさん

養護教諭，スクールカウンセラー等
ミナミ先生

ヒガシノ先生（前担任）
サツキ先生　サクラ先生
マサト先生　ユミ先生
（特別支援学級）

家族・親戚・ご近所等
弟（小学生）

保護者
母親（会社員）

管理職（校長・教頭）
生徒指導担当，教育相談担当
特別支援教育担当等

教育センター等相談機関
特別支援学校地域支援担当
アキタ先生

学習塾，学童，親の会等
学童保育

適応指導教室，フリースクール等

児童相談所，福祉関係等
児童相談所
（知能検査等）

労働支援関係

コーディネーター
キタヤマ先生
（特別支援教育コーディネーター）

医療機関，保健所等
ヤマカワ病院

©Tamura & Ishikuma 1997-2013

117

事例3

【石隈・田村式 援助チームシート5領域版】

実施日：○○年○月○日（○）　時　分〜　時　分第　回
次回予定：××年×月×日（×）　時　分〜　時　分第　回
出席者名：援助チームメンバー

苦戦していること（　友達とのトラブルが絶えない　　　　　　　　　　　　　　　　）

児童生徒名 4年○組○番 アミ 担任名 ニシカワ		知的能力・学習面 （知能・学力） （学習状況） （学習スタイル）など	言語面・運動面 （言葉の理解や表現） （腕と手の運動） （上下肢の運動） など	心理・社会面 （情緒面）（人間関係） （ストレス対処スタイル） など	健康面 （健康状況） （視覚・聴覚の問題） など	生活面・進路面 （身辺自立） （得意なことや趣味） （将来の夢や計画）など
情報のまとめ	（A） いいところ 子どもの自助資源	・興味のある算数の図形問題はすすんで発表する ・視覚的な提示があるとわかりやすい	・体を動かすことが好き ・体育では積極的に活動する	・友達が好き ・あいさつがよくできる	・体力がある ・健康 ・身体的な問題はない	・ドッジボールチームに入りたい
	（B） 気になるところ 援助が必要なところ	・爪噛みや手遊びが多く課題になかなか向かえない ・国語は苦手	・自分の気持ちや状況を説明するのが苦手	・思いどおりにならないとカッとなる ・当番をなかなかやらない ・指示に従わない	・朝起きられず学校に来てもしばらくボーッとしている	・テレビゲームに夢中になり夜更かしをするため遅刻が多い
	（C） してみたこと いままで行った，あるいは，いま行っている援助とその結果	・興味のある課題で発表の機会を多くするなど意欲をもたせようとしている	・体育の時間にみんなの前でほめる	・そのつど「きまり」について個別に話しているがあまり改善されない	・養護教諭が様子を観察している	・1時間目が体育のときは9時までに来るよう約束をする。守れることもある
援助方針	（D） この時点での 目標と援助方針	1　個別の学習援助 2　心理面のケア 3　保護者の気持ちを支え，子どもと楽しいかかわりを増やせるよう援助する 4　地域資源も生かしてチームでかかわり，アミが安心して過ごせる場を多くする				
援助案	（E） これからの 援助で 何を行うか	①個別の学習援助（特別支援学級） ②終わりの時間を提示する ③課題ごとに評価や学習予定を視覚化する ④視覚的な教材を取り入れ発表の場を増やす	①体育で動き方の見本をさせるなど，みんなの前でほめる ②放課後もなるべく体を使って遊べるようにする	①友達とのトラブルについて状況を説明し，どうすればよいか話し合う ②気持ちの言語化を促す ③約束を守れるよう前もって声をかけ，守れたらほめる ④連絡帳を活用し家でも学校でもほめる	①保健室をクールダウンできる場所にする ②話をよく聴いて気持ちを受け止める ↓ 心理的な安定へ ③薬の調整	①ゲームをするときの約束を確認する（終了時間等） ②学校での楽しみを話題にし，早起きを促す ③ドッジボールチームを探す
	（F） 誰が行うか	①特別支援学級担当 ②特別支援学級担当，学級担任，保護者 ③④学級担任	①学級担任 ②学童保育，保護者	①②③④学級担任，特別支援学級担当，保護者，全校職員	①養護教諭 ②養護教諭，学級担任，保護者等 ③医療機関	①保護者 ②保護者，学級担任 ③保護者
	（G） いつから いつまで行うか	←		修正を加えつつ今年度末まで継続		→

©Ishikuma & Tamura 1997-2013

【石隈・田村式 個別の指導計画シート】

作成日　　年　月　日（　）

児童生徒名：4年○組○番［　　アミ　　］
学級担任名：［　　ニシカワ　　］　　通級学級担任名：［　　　　　］

— このシートでのサポート対象に○をつけ，それについてシートを作成してください。—

（知的能力・学習面）　言語面・運動面　（心理・社会面）　健康面　生活面・進路面

GOAL	長期目標 （1年の間に伸ばしたい力）	知的能力・学習面：学習に興味をもてる 心理・社会面　　：友達と仲よく活動できる	
	短期目標 （学期で伸ばしたい力）	1 学習にとりかかれる	2 当番活動に取り組める
PLAN & DO	援助で何を誰が行うか	・課題を工夫する ①できている課題を中心に量を減らして提示し，やれたらほめる。 ②スケジュールを視覚的に提示する。 ③好きな活動を最後に入れる。 ④みんなの前で発表する機会を多くつくり，ほめることで意欲につなげる。 ・めあてがもてるようにする ⑤「～分まで」「あと何題」など，どこまでがんばるか目安を意識させる。 ⑥「ここまでできたら次に進む」という段階表シールをはる。 ⑦小さなことでもほめて認める。 ⑧家庭でもほめてもらう。 ①～⑥学級担任，特別支援学級担当 ⑦⑧学級担任，特別支援学級担当，保護者	・学級のきまりについて話す ①掃除や給食当番について視覚的補助を用いて説明する。 ②当番活動のやり方を図示する。 ③得意な体育の係にし，活動をほめる。 ・友達との活動を意識させる ④好きな友達と同じ班にし，当番活動に誘ってもらう。 ⑤少しでも活動に参加できたらほめる。 ⑥友達への望ましい言動についてフィードバックする。 ⑦トラブルが起きたら状況を図示しながら説明し，どうすればよかったか話し合う。 ①特別支援学級担当 ②③④学級担任 ⑤⑥⑦学級担任，特別支援学級担当
	いつ・どこで行うか	次の援助チーム会議まで ①②③④⑤⑥⑦⑧学級，特別支援学級	次の援助チーム会議まで ①特別支援学級 ②③④学級 ⑤⑥⑦学級，特別支援学級
	学級経営・学校経営上の工夫，援助機関との連携，用いる教材など	＜知能検査の結果＞ 　視覚を利用 ＜工夫＞ 　時計やスケジュール表，段階表などの視覚的提示により，見通しをもたせる。	＜支援者の理解のために＞ 　状況の読み取りの弱さがある ＜工夫＞ 　友達と一緒にやる活動を意図的に組む。絵や図など，視覚的補助を用いて状況を説明する。
SEE	評価 （うまくいったこと うまくいかなかったこと）		

©Ishikuma & Tamura 2013

| 事例 4 | 学校に行きづらくなったサヤカへのチーム援助 |

●援助対象　　　　小学校6年生（診断なし）
●コーディネーター　適応指導教室の相談員

経緯

小学校6年生のサヤカは成績がよく，本が大好きな子どもである。しかし，「場の空気」が読めなかったり，自分の思い込んだやり方を通したりして，低学年のころからからかいの対象にされがちだった。友達とトラブルが増え，頭痛，腹痛などを訴えて，登校をしぶるようになった。親しい友人ができず，級友から「来ないで」などと言われて泣くこともあった。5年生の3学期に，いよいよ登校が困難になり，母親が教育相談センターに相談した。

(1) 苦戦への気づき

母親から相談を受けた教育相談センターの相談員は，母親の了解を取って，サヤカの小学校へ連絡をしました。

母親と学校の情報を総合すると，以下のような状況がわかりました。

知的能力・学習面　学力はトップクラス。幼児期より学習教室に通い，とくに算数が得意。読書が好きで，休み時間は図書館で借りた本をずっと読んでいることが多い。

言語面・運動面　丁寧語を使っての会話しかできず，言葉のキャッチボールができない。不自然にむずかしい熟語を使うことがある。運動は苦手で，体育のあるときは体調不良による見学や早退が多い。

心理・社会面　大人から見るととてもよい子で，言葉遣いもていねいで礼儀正しい。休み時間は友達とかかわらず，読書をするか担任のそばに来て，本のことや家庭のことをおしゃべりすることが好き。プライドは高いようである。相手の気持ちをくみ取って話すことは苦手で何でも率直に話す。ほかの子にあいさつはしても，自分から話しかけることはない。成績はよいが日常生活の諸々は苦手で，予定外の事態には対応できずにとまどってしまう。

健康面　腹痛，頭痛，筋肉痛，ささいな痛みなどを理由に，欠席・早退することが多い。

生活面・進路面　医師や外交官など，高学歴の仕事にあこがれている。

(2) 適応指導教室への通所とアセスメント

サヤカは，しばらく，教育相談センター内にある適応指導教室へ，試験通所をしてみることになりました。通所が始まると，以下のような行動の特徴が見えてきました。

・独特の雰囲気をもっていて，表情にとぼしく，丁寧語を使った硬い会話の仕方をする

（「百人一首を覚えるのは趣味というほどのものでもありません」などと言う）。
・会話をしているときに、ときどきピントがずれてきて、自分の世界に入ってしまっているように感じるときがある。
・朝、あいさつをし忘れた子どもに、昼ごろ突然「おはよう」と言ったりする。
・親や先生からの指示を忠実に守ろうとする。

(3) 学校と適応指導教室による援助チーム会議

　サヤカの試験通所を受けて、学校関係者（学級担任、教頭、養護教諭）と適応指導教室スタッフが「援助チーム会議」をもち、情報交換と今後の支援についての話し合いを行いました（援助チームシート P126）。

　小学校では、サヤカのことを、「学力は高いが、対人関係の経験が不足していて、人とのかかわりが苦手な子ども」との見方をしていました。いっぽう適応指導教室では、数日の試験通所の結果から、発達の課題を抱えている可能性が高いと考えていました。そこで、「発達障害という診断をつけることはできないが、発達の課題があるという視点に立って、支援をしながら様子を見てはどうでしょうか」と学校に提案しました。学級担任は、少し驚いていましたが、「そう考えると納得のいくことが多々あります」と、これまでのサヤカの様子を振り返りました。

　サヤカには、学習スタイルや、人とのかかわり方、変化への対応の弱さや体調調整の困難さなどの問題状況があるが、それも本人が精一杯がんばっている姿であることを理解して、サヤカの自尊感情を支えるように心がけることを確認しました。また、校内でサヤカが困っているときには、どの先生からも援助してもらえるように、校内での共通理解を図ることを確認しました。

　具体的な支援としては、次のような方法が話し合われました。
・場の変化に対応できずに困っているときは、注意・叱責ではなく、説明・アドバイスをしていく。
・友達がサヤカの行動を理解できずにいるときは、教師がシンプルに説明やフォローを入れてあげる。
・ほかの子どもとの関係がつくれるように、学級担任が意識的に声かけをして、会話をほかの子にもつなげていく。

　そして、現時点での指導は、登校支援と並行して、登校できない場合のみ適応指導教室への通所とすること、とりあえず年度変わりまで経過を見ながらアセスメントを進め、新学期を迎えた時点で医療専門家を交えた拡大援助チーム会議を行うことを方針にしました。

(4) 担任の見方の変化とサヤカの変化

　学校と適応指導教室の話し合いの直後から、サヤカは学級担任とのやり取りの中で「キャッ、キャ」と笑ったり、友達と笑顔で過ごしたりすることが増え、欠席・早退の数もぐっと減ってきました。学級担任も書籍やWEBなどで調べて、サヤカのことを前向きに理解しようとしました。

　そんな折、クラスの集合写真を撮ったときに、サヤカ1人だけが顔を横にそむけていることに学級担任は気がつきました。あとでサヤカに尋ねると、「光はとても苦手です」ということでした。この出来事をきっかけに、

事例4

学級担任はサヤカに感覚の過敏さがあることに気づきました。そうすると、理解しがたかったこれまでのいくつかの行動にも合点がいくようになりました。

適応指導教室には、年度末までに5回通所しました。サヤカの表情にはしだいに明るさが増し、運動のプログラムを行った際には、集団に入ってドッジボールやバドミントンをして、汗をかきながら、「こんなに発散したのは久し振りです」と明るく語りました。

(5) 専門家を交えての拡大援助チーム会議

6年生への進級に当たっては、学級担任がそのままもち上がるとともに、サヤカといちばん仲のよい子どもやサヤカとうまくかかわれる子どもが周りに配置されるように、クラス編成が行われました。

5月末に、児童精神科の医師を招き、学校と教育相談センターと医師による「拡大援助チーム会議」をもちました。そこでは以下のようなサヤカの変化が報告されました。

・けっして自分から人に話しかける子どもではなかったが、友達ができてきて、男の子にも話しかけることができるようになった。冗談を言ったり、お姉さん的なところを見せるようにもなった。
・ドッジボールのとき、いつもは外野に出たら立ったままボーっとしていたのが、外野に飛んできたボールを男の子と競い合って取りにいく姿が見られた。
・学校生活の満足度を調べる検査（Q-U）で、5年生時は「不満足群」であったが、6年では「学級生活満足群」に変化。「学習意欲」は以前から高かったが、「友達関係」「学級の雰囲気」の項目が顕著に向上。班長や代表委員にも立候補した。

このような前向きな変化とともに、以下の特性も引き続き見られました。

・ときどき早退があり、6年生になってから欠席が2回あった。とくに午後に運動があるときは早退しがちである。めまいや腹痛、胸痛などもときどき起こる。
・終業式の日、「明日から塾の合宿なので、給食が終わったら早退させてください」と言うので、「最後まで終わってから帰りなさい」と答えると、「お母さんが、準備しなさいと言ったのです」と譲らないなど、指示へのこだわりを見せる。

学級担任は、サヤカの行動を温かい目で見るようになっていました。自分自身の変化を、「以前は不思議に思えたり腹立たしく感じた行動が、いまではかわいらしく、ほほえましく思えるようになってきたんです。それとともに、クラスの子どものサヤカに対する見方も温かく変わってきたように思います」と、実感を込めて語ってくれました。

また、サヤカに対しても、「あんなに本を読めるのだから、人づき合いが苦手でもいいじゃないかと思っていました。でも、友達と遊んでいる楽しそうな笑顔を見て、彼女がいちばん求めていたものに気がつきました」と話してくれました。

さらに、「以前はけっして弱味を見せないお母さんでしたが、サヤカの状態が安定してくると、お母さん自身も楽になったようです。友達が家に遊びに来るようになったことを涙ながらに喜んだり、家庭生活の中での心配な点を語ってくれたりするようになってき

ました。サヤカの変化を通して，事実をそのまま受けとめる心のゆとりを取り戻しているように感じます」と語ってくれました。

医師からのアドバイスは次のとおりでした。
・発達の課題を抱えている可能性が高いが，診断には保護者の協力が必要である。現時点では保護者の安心感が高まっているため，タイミングがよくないと思われる。
・義務教育を終えると支援の手だてがなくなってしまうので，いまのうちに子どもへのかかわり方について保護者に理解を深めてもらえるようにしたい。また，本人の自己理解も深め，対人関係スキルなどを学ぶ機会を保障してあげたい。
・中学進学という節目がよい機会になるだろう。6年生の2学期をめどに，一度受診を勧める声かけを保護者にしてみてはどうか。

(6) 今後の支援に向けて

その後，サヤカが学校を休むことはほとんどなくなり，以前に比べて楽しく学校生活を送れるようになりました。

問題の根底となっていると思われる発達上の課題については，小学校の「校内支援委員会」で引き続き援助を行い，教育相談センターのスタッフと医療の専門家が，共にアドバイザー的な役割として援助チームに参加することになりました。

事例メモ

いつ援助シートを使ったか
1回目　5年生3学期★……適応指導教室スタッフと学校関係者による援助チーム会議で。
2回目　6年生1学期……児童精神科の医師を迎えた拡大援助チーム会議で。

シートがきっかけになってわかったことや情報
・発達障害の可能性が高いことに気づいた。
・これまでのかかわりが，あまり効果的ではなく，障害特性への理解と，それに応じた対応が必要ではないかということに気づかされた。

援助のポイント

①なぜ不登校になったかという原因探しではなく，不登校をきっかけにサヤカがひと回り大きく成長しようとしていることを，みんなで支援していくという姿勢をもつ。
②適応指導教室で子どもが変わって，学校に戻るという発想ではなく，子どもの回復・成長のために学校の資源が生きるように関係を変えていくという発想を大事にする。
③適切な支援や本人の自己理解へとつながるように，タイミングを計りながら，必要な情報を伝えていく。
④発達障害の診断にこだわらず，その時点でできる支援を考えていく。医療や地域，福祉などの広域の援助チームをつくりながら，よりよい将来に向けての支援を，オーダーメイドで考えていく。
⑤その子の特性や行動を，かわいらしいと受け止められるようになると，かかわりが変わる。

事例4

【石隈・田村式 プロフィールシート】（　　年　月　日作成）記入者　タナカ

[5年○組○番]
　児童生徒名：サヤカ　　　　　　　　　　　　担任名：オガワ

1　子どもの願いや苦戦している状況

　低学年のときから，友達からいじめられることがあり，3年生のときはとくにひどくなり，しばしば体調不良で欠席や早退が多かった。5年生になっても週1回ペースで欠席が見られていたが，3学期になり，連続して休むことが多くなった。学力はクラストップだが，休み時間は友達と遊ばず1人で本を読んでいることが多く，周囲から反発されたり変わった子と思われたりすることもある。学校では敬語しか使わず，コミュニケーションや人との距離感が不自然である。学力は高いのに言葉がうまく通じていなかったり，急な予定変更にはうまく対処できずにとんでもない思い違いや失敗をすることもある。

2　学級・学校の様子（学級・学校の雰囲気，担任の方針など）

　学級担任のオガワ先生は，楽しく明るいクラス，お互いが気持ちやつらさをわかり合い主体的に行動できるクラスをめざしている。学級の児童はのびのびと元気がよく，ときどき言いたいことをストレートに出しすぎてトラブルに発展することもある。サヤカはクラスの中では孤立した存在で，6月に行った学校生活の満足度を調べる検査では，学級生活不満足群に入っていた。学級にはサヤカに反発する子もいるが，前から一緒のクラスにいるルミは，何かとサヤカに話しかけたり，サヤカが困っているときにはさりげなく助けてくれたりする。

3　家族（構成，子どもの問題状況のとらえ方，大切にしていることなど）

　父親（会社員），母親（会社員），祖父（無職），サヤカ。
　両親とも仕事が忙しく夜勤もあるため，祖父がずいぶん子育てを手伝ってきた。一人っ子であるサヤカは，家族みんなからかわいがられている。幼児期から物覚えもよく，学習塾に通い，将来を期待されている。祖父は言葉遣いからはじめ，しつけに厳しい。母親は教育熱心で，いじめなどの問題があると相手や学級担任に厳しい態度をとるいっぽう，家庭でサヤカとうまくいかないときは，つらい思いをしている。

4　生育歴（発達課題の達成状況など）

　幼稚園のころまでは明るく積極的な印象。3年生でいじめにあってから表情がなくなってきた。

5　援助チームメンバー

学校……学級担任，養護教諭，管理職，特別支援教育コーディネーター
教育相談センター・適応指導教室……受理担当，子ども支援相談員
スーパーバイザー……児童精神科医
保護者

6　援助者の願いや苦戦

援助者	願いや苦戦
母親	友達がいなくて登校をしぶることや，しょっちゅう体調を悪くし，通院しなくてはならないことを心配している。楽しく学校生活を送らせてあげたい。
学級担任	友達となじめず，1人で本ばかり読み，不登校気味なことが心配。考え方や行動に違和感も感じるが，何が原因なのかいまひとつつかめない。

©Ishikuma & Tamura 2013

第5章 特別支援教育におけるチーム援助の事例

田村・石隈式 【援助資源チェックシート ネットワーク版】

記入日　　年　　月　　日

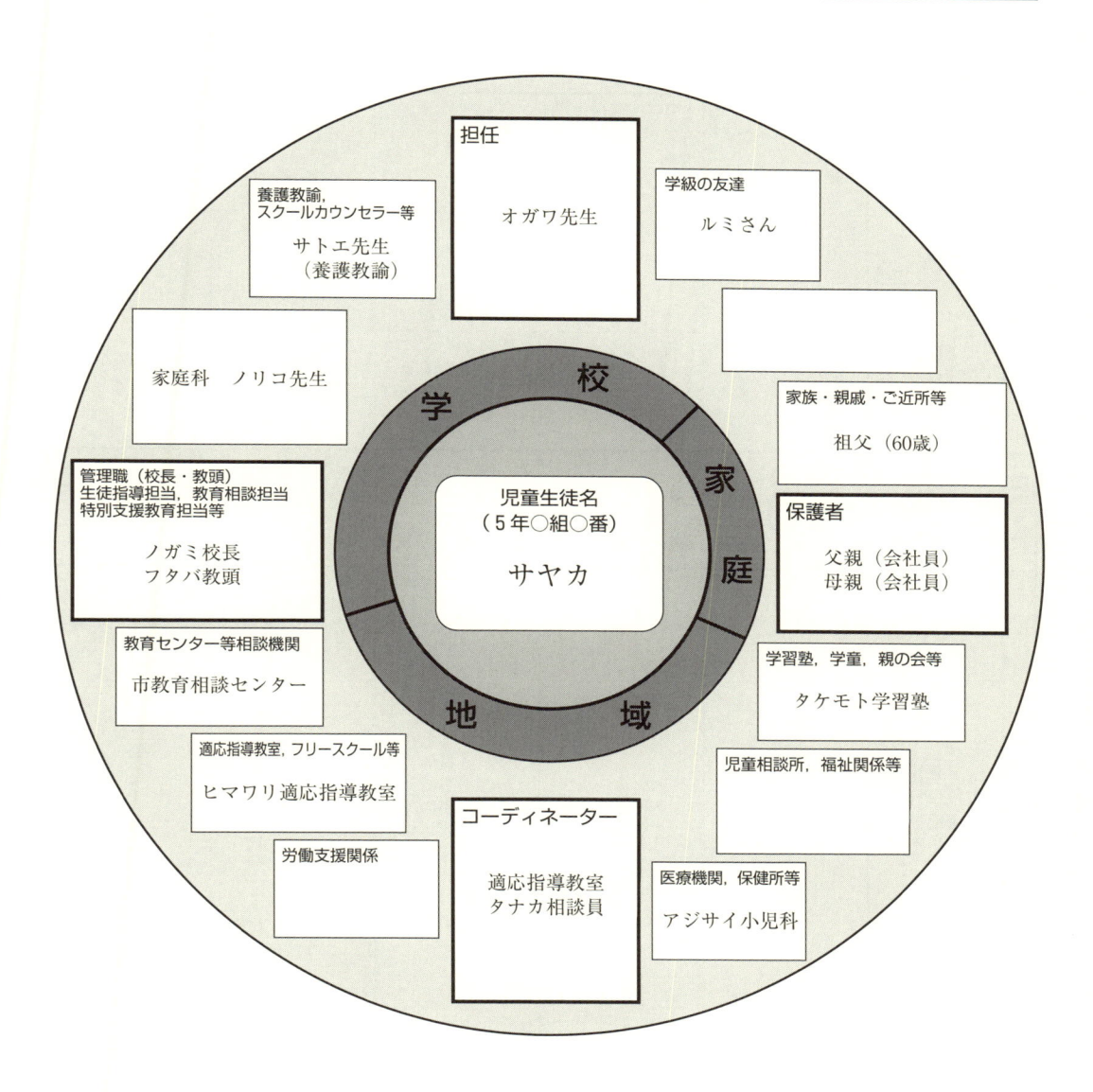

```
                            担任
                         オガワ先生

     養護教諭,                              学級の友達
     スクールカウンセラー等                    ルミさん
     サトエ先生
     （養護教諭）

     家庭科　ノリコ先生                       家族・親戚・ご近所等
                          学 校                祖父（60歳）

     管理職（校長・教頭）
     生徒指導担当，教育相談担当              保護者
     特別支援教育担当等                      父親（会社員）
     ノガミ校長                              母親（会社員）
     フタバ教頭      児童生徒名
                    （5年○組○番）
                        サヤカ         家
                    学                 庭
     教育センター等相談機関               学習塾，学童，親の会等
     市教育相談センター                    タケモト学習塾
                          校
     適応指導教室，フリースクール等           児童相談所，福祉関係等
     ヒマワリ適応指導教室       地 域

     労働支援関係                          医療機関，保健所等
                          コーディネーター    アジサイ小児科
                          適応指導教室
                          タナカ相談員
```

©Tamura & Ishikuma 1997-2013

125

事例4

【石隈・田村式 援助チームシート5領域版】

実施日：○○年○月○日（○）　時　分〜　時　分第　回
次回予定：××年×月×日（×）　時　分〜　時　分第　回
出席者名：援助チームメンバー

苦戦していること（　　友達がいない，学校に行くのがつらい　　　　　　　　　　　　　　　　）

児童生徒名 5年○組○番 サヤカ 担任名 オガワ		知的能力・学習面 （知能・学力） （学習状況） （学習スタイル）など	言語面・運動面 （言葉の理解や表現） （腕と手の運動） （上下肢の運動） など	心理・社会面 （情緒面）（人間関係） （ストレス対処スタイル） など	健康面 （健康状況） （視覚・聴覚の問題） など	生活面・進路面 （身辺自立） （得意なことや趣味） （将来の夢や計画）など
情報のまとめ	（A） いいところ 子どもの自助資源	・授業には積極的で，よく発表する ・算数が得意 ・読書が好き	・むずかしい言葉をよく知っている	・言いつけをよく守る		・医師や外交官にあこがれ
	（B） 気になるところ 援助が必要なところ	・描画や裁縫が苦手	・運動が苦手	・友達がなく，いつも1人でいる ・思ったことをそのまま口にすることがある	・頭痛や腹痛を頻繁に訴える ・疲れやすい	・急な変化や想定外のことに対処できない
	（C） してみたこと いままで行った，あるいは，いま行っている援助とその結果	・がんばりを認める	・特になし	・担任がそばに呼んで話をする ・友達に声をかけてもらうなどしたが，変化なし	・学級担任，養護教諭が様子を観察	・自覚をもたせ，自分で考えさせたが，あまり変わらず
援助方針	（D） この時点での目標と援助方針	1　サヤカが友達とかかわりをもて，学校生活が楽しくなるようにする 2　発達上の問題を理解し，支えていく 3　担任だけでなく，学校全体の共通理解をもつ 4　学校，保護者，適応指導教室の三者で連携して支えていく				
援助案	（E） これからの援助で何を行うか			①友達がサヤカの行動を理解できないときは，教員が説明やフォローを入れる ②ほかの子どもとの関係がもてるよう，学級担任等が意識的に声かけをして，会話をほかの子にもつなげていく ③学校に行けないときは，適応指導教室の小集団でケアする	①体調の悪いときは保健室で休ませたり，早退を認める	①変化に対応できずに困っているときは，説明・アドバイス型の支援をする
	（F） 誰が行うか			①〜③学級担任等，適応指導教室スタッフ	①養護教諭，学級担任	①学級担任等，適応指導教室スタッフ
	（G） いつからいつまで行うか			今回から次回の援助チーム会議まで　　　→		

©Ishikuma & Tamura 1997-2013

【石隈・田村式 個別の指導計画シート】

作成日　　　年　月　日（　）

児童生徒名：5年○組○番 [　　サヤカ　　]
学級担任名：[　　オガワ　　]　　通級学級担任名：[　　　　　　]

――― このシートでのサポート対象に○をつけ，それについてシートを作成してください。―――

知的能力・学習面　　言語面・運動面　　(心理・社会面)　　健康面　　生活面・進路面

GOAL	長期目標 （1年の間に伸ばしたい力）	心理・社会面： 友達と交流をもち，学校生活が楽しくなる	
	短期目標 （学期で伸ばしたい力）	1 自尊感情が高まる	2 友達とかかわる楽しさがわかる
PLAN&DO	援助で何を誰が行うか	・認める場面を増やす ①適応指導教室の中で，安心して過ごせる時間をもつ。 ②サヤカの行動の背景を理解し，思いをくみ取り，がんばりを認める。 ③場の変化に対応できずに困っているときは，注意・叱責型ではなく，説明・アドバイス型の支援をする。 ④友達がサヤカの行動を理解できずにいるときは，教員がシンプルに説明やフォローを入れる。 ①③適応指導教室スタッフ ②④学級担任，その他の先生，適応指導教室スタッフ	・友達との接点を増やす ①適応指導教室の小集団の中で，人とかかわり，遊ぶ楽しさを経験させる。 ②ほかの子どもとの関係ができるように，学級担任等が意識的に声かけをして，会話をほかの子にもつなげていく。 ③グループ学習や，放課後の活動などで，友達とかかわる場を設定する。 ①②③学級担任，適応指導教室スタッフ
	いつ・どこで行うか	次の援助チーム会議まで ①適応指導教室 ②③④学級，学校全体	次の援助チーム会議まで ①適応指導教室 ②③学級，学校全体
	学級経営・学校経営上の工夫，援助機関との連携，用いる教材など	＜工夫＞ サヤカの特性について学校全体で共通理解してもらい，学級以外のいろいろな場所でつまずいているときも放置しない。 適応指導教室と学校が適宜連絡をとり合い，情報交換する。医師からのスーパーバイズを受ける。	＜支援者の理解のために＞ 発達障害を前向きに理解するための参考資料を紹介する（ニキ・リンコ，藤家寛子など当事者の著作となる「自閉っ子」シリーズ・花風社など）。
SEE	評価 （うまくいったこと うまくいかなかったこと）		

©Ishikuma & Tamura 2013

事例 5　学習面や集団生活に苦戦しているケイタへのチーム援助

●援助対象　　　中学校1年生（診断なし）
●コーディネーター　特別支援教育コーディネーター

経緯

ケイタは中学校1年生。入学直後から学習へのとりかかりが遅れがちで，内容の理解に時間がかかった。相手の気持ちや周囲の状況に合わない行動も目立ち，2学期ごろから，周囲から避けられたり，傷つく言葉をかけられたりするようになった。3学期には友達の言動に過敏に反応するようになり，急に泣きだしたり，怒って手が出たりするようになってきた。

(1) 苦戦への気づき

1年生の3学期に，ケイタへの指導に悩んだ学級担任から，特別支援教育コーディネーターに相談がありました。ケイタの学習状況や友達関係に関する訴えを聞いて，コーディネーターは学年職員や教科担任からの聞き取りを開始しました。

ケイタの苦戦の状況は，次のようでした。

知的能力・学習面　学力は平均よりやや低いが，知的な遅れは感じられない。作業には黙々とていねいに取り組み，納得するまでがんばるので時間がかかる。英単語や漢字は覚えるのに時間はかかるが，繰り返し練習することでできるようになる。

言語面・運動面　教師の説明を理解するのに時間がかかる。運動能力が低く，とくに走ることやボール運動が苦手である。

心理・社会面　授業中にぼんやりしていることが多い。友達から嫌なことを頻繁に言われてストレスがたまり，泣きだしたり，友達に手が出たりする。

健康面　健康状態は良好で，欠席日数は少ない。遅刻もない。

生活面・進路面　教師から頼まれた仕事をすすんで行う。部活動にほとんど休まず参加している。読書が好きである。将来はシェフになりたいと考えている。

また学級担任が家庭に連絡をしたとき，母親がケイタの教育に不安をもっている様子や，学校の対応に不信感を抱いている様子が感じられました。

そこで，ケイタをさらによく観察し，あいさつや助言などの言葉かけをしてよい面をほめていくこと，特別支援教育のニーズの視点も含めてもう少し詳しくアセスメントを行うこととしました。また母親へは，学校との信頼関係が築けるように，家庭訪問や電話連絡でケイタのよい面を伝えながら，母親の気持ちをよく聴いていくことにしました。

(2) 校内委員会での話し合い（アセスメント）

詳しい見立てを行うために，コーディネーターはスクールカウンセラーの助言を得て，援助ニーズのチェックリストを活用して情報収集を行いました。

それらの情報をもとに，3月の「校内委員会」でケイタの事例が取り上げられました。本校の校内委員会のメンバーは，校長，教頭，教務主任，各学年主任，学級担任，生徒指導主事，養護教諭，特別支援学級担任（特別支援教育コーディネーター，教育相談担当）で，必要に応じてスクールカウンセラーなども参加します。委員会では，これまでのアセスメントの経過を報告し，参加者からの新たな情報を集約して，ケイタへの具体的な支援について話し合いました。

学級担任からは，学級での人間関係の支援のあり方と，パニックへの対処の仕方で悩んでいることが出されました。また，教科担任から，道具を使う授業で，カッとしたときの衝動的な行動が心配であることも話題になりました。それぞれの教師がさまざまな場面で不安を抱えていることがわかってきました。

学校全体で継続的に協力して支援していくために，次のような援助方針，援助案を作成しました（援助チームシートP134）。

・自分の仕事にすすんで取り組むので，役割を応援し，がんばったところをほめる。
・パニックを起こしたときには，場所を変えるなどして落ち着かせて話をよく聴く。職員室とも連携する。
・互いの個性を認め合う学級づくりをする。
・さまざまな場面で観察を強化し，本人のよさ（自助資源）を見つけながら，それに応じた支援を工夫していく。
・家庭と連携して保護者との信頼関係を築く。

話し合いでは医療機関への相談や心理検査を勧める意見も出ましたが，保護者が消極的であることから，まずは家庭との信頼関係づくりを進めていくことになりました。

(3) 援助チームの基盤つくり

援助方針ができたことで，各教師がそれぞれの立場でできることを実践するようになりました。また，学級担任やコーディネーターは，母親と連絡をとって，ケイタのよいところやがんばったところを家庭でもほめてもらうようにしました。保護者に不安な様子が見られたときには，よりよい支援の方法を一緒に考えていくことを保護者と確認し合いました。

年度末が近づき，学年会では，2年次の学級編成を検討しました。コーディネーターは，ケイタに関する情報を集約して，関係職員がうまく連携をとれるように調整しました（援助資源チェックシートP133）。

(4) 援助チームでの援助1

ケイタは周囲の言葉に傷つけられることが増えていましたが，援助がスタートし，学級担任や教科担任が速やかに対応するようになって，大きなトラブルはなくなりました。

進級後の最初の学年会では，前年度の援助方針を継続していくことを確認したうえで，新たな役割分担を行いました。コーディネーターは，新しい学級担任に対しても，ケイタのよいところを見つけながら関係を築くこと，座席や役割分担で配慮が必要なこと，学

事例5

級の人間関係が良好に深まるように道徳の題材を工夫したり，構成的グループエンカウンターを実施すること，を助言しました。

2年生になってからは，ケイタの友達関係も比較的安定し，教科担任もそれぞれの立場から支援を続けていました。

ところが，6月の定期テストを控えた時期から，ケイタがぼんやりと窓の外を見て暗い表情でいることが増えました。学年主任がケイタと面談をすると，「がんばっているのに，先生からがんばれと言われることがつらい」と話しました。

本人を見送ったあと，学年職員とコーディネーターが集まって対応を検討し，当面は学習面のプレッシャーを与えないこと，できているところを認める言葉かけを増やしてケイタの自己肯定感を高めていくことを確認し合いました。また，学年主任と学級担任が家庭訪問をして，母親の気持ちをよく聴きました。

6月下旬，ケイタが再び情緒的に不安定になりました。静かな部屋で，コーディネーターが話を聴くと，テスト結果へのショックが背景にあることがわかりました。ケイタがテストに向けてがんばっていたことを認め，本人がよくできたと感じているところを十分にほめると，ケイタの表情や態度に落ち着きが出てきたので，その後は教科担任や学年職員と連携して様子を見守ることにしました。

また，スクールカウンセラーにケイタのカウンセリングを依頼しました。さらに，母親を含めた「援助チーム会議」を開くことを話し合いました。母親も，前向きに参加の態度を示しました。

(5) **援助チームでの援助2**

「援助チーム会議」には母親も参加することになったので，緊張を和らげる意味で参加者を限定し，学級担任，母親，学年主任，コーディネーター，スクールカウンセラーの5人で話し合いました。

話し合いでは，ケイタは勉強ができるようになりたいと考えており，学校でも家庭でも，本人なりに努力しているということがわかりました。また，自分で決めた目標をかたくなに達成しようとする追求心があることを，ケイタのよさとして認める意見がありました。国語では，個別のアドバイスによって課題を解決することができ，笑顔が見られたという事例があげられ，技術では，授業後に個別に指導したところ，安定して作品製作に取り組んだという事例があげられました。学級担任からは，教室移動などで言葉をかける友達がいることや，係活動や清掃を陰日なたなく行い，指示したことも素直に聞いてとりかかるという話がありました。

母親からは，ケイタはとてもやさしくて，きょうだいの面倒をよく見ることや，食事の支度の手伝いをするという話がありました。

話し合いが進むうちに，がんばっているのに思うような結果が出ない，ケイタのつらさへの理解が深まっていきました。ケイタの意欲を大切にしながら，次のように援助案を考えていきました。

・学習の目標を立てるときは，スモールステップで達成しやすいものにする。
・安定して学習に取り組めるように，課題や授業形態，個別のアドバイスを工夫する（個別の指導計画シート P135）。

- 放課後など，個別の補習に対応できることを伝える。
- 教科によっては，空き時間の教師がそれとなく補助に入る。
- 安心できる場所をつくっておき，不安定になったときは，そこへの移動を促す。
- 情緒面の安定を図るために，スクールカウンセラーがケイタと母親の面接を行う。
- 学級担任は，ケイタと友達のかかわりをケアをする。また，学級で認め合い支え合う関係づくりを行う。

　会議の後，母親はケイタへの接し方を工夫するようになり，ケイタの気持ちを大切にしながら，無理のない課題解決をサポートするようになりました。各教科担任は，具体的でわかりやすい指示や個別のアドバイスを心がけるようにし，できたことを認める言葉かけを多くしていきました。ケイタからは，以前のような不安定な言動がなくなり，表情にも若干明るさが見られるようになりました。

　その後，スクールカウンセラーは母親との面談で，ケイタに発達障害の傾向があることを話しました。母親は，ケイタの行動に合点がいき，少し安心したということでした。

　まもなく夏休みに入り，ケイタにとっては，集団生活から離れて一息つく，よい機会となりました。

　2学期も援助案に基づいた支援を継続し，情報交換を行いながら支援を工夫していきました。この内容は次年度にも引き継ぎ，ケイタの進路実現へとつながっていきました。

事例メモ

いつ援助シートを使ったか
1回目　1年生3学期★……校内委員会での話し合いに使用。
2回目　2年生1学期……年度始めの学年会で引き継ぎに使用。学年の支援体制を整えた。
3回目　2年生1学期……定期テストの結果にショックを受けて，ケイタがひどく不安定になったので，母親を含めた「援助チーム会議」で，援助案の見直しを行った。

シートがきっかけになってわかったことや情報
- ケイタの学校生活における問題状況と具体的な援助方法について考え，実践できた。
- それぞれの教師がさまざまな場面で不安を抱えていることがわかった。

援助のポイント
①学校と家庭が信頼関係を築き，連携していく姿勢を大切にする。
②子どもにかかわるさまざまな職員からの情報を集約してアセスメントを行う。
③保護者支援やアセスメントに関して，スクールカウンセラーや関係機関などの援助資源を積極的に活用する。
④弱点克服ばかりでなく，子どもががんばっているところ，できているところに焦点を当て，認めたりほめたりしながら意欲をもたせ，自己肯定感を高めていく。

事例5

【石隈・田村式 プロフィールシート】（　　年　月　日作成）記入者　キタノ

[1年○組○番]
児童生徒名：ケイタ　　　　　　　　　　担任名：ミズノ

1　子どもの願いや苦戦している状況

　1年生の1学期から，授業中，ぼんやりしていることが目立ち，教科担任から言葉をかけられなければ，課題にとりかかれないことが多かった。課題解決に時間がかかり，とくに考えながら取り組むものはしばしば手が止まってしまい時間内に終わらない。友達とうまくかかわることができず，休み時間は1人で校舎内を歩き回ったり，図書室で本を読んだりしている。2学期になると友達から避けられるようになり，傷つく言葉をかけられることもあった。3学期にはグループ活動を嫌がるようになり，理科では1人で実験をしたがった。また，友達の言動に過敏になり，急に泣きだしたり，怒って手を出したりするようになった。母親は，小学校のころから学習や友達関係のことで学校から頻繁に連絡を受けており，学校の対応に「不信感」を抱いている。

2　学級・学校の様子（学級・学校の雰囲気，担任の方針など）

　学級担任のサカタ先生は，社会科担当の明るく熱心な先生で，学校行事や学年レクリエーションでは，生徒と一緒になって活動し，クラスの団結を深めようとしている。ケイタが小学校卒業後に引越してきたことから，友達づくりにも気を配っていた。ケイタが周囲の友達とコミュニケーションをとることがむずかしく，集団の中での生活が苦手なため，同じ部活動のアキオやユタカに声をかけさせたり，教師自ら一緒に作業をしながら話をしたりしていた。

3　家族（構成，子どもの問題状況のとらえ方，大切にしていることなど）

　父親（会社員），母親（パート勤務），兄（中学生），ケイタ，弟（小学生）。
　ケイタの中学入学と同時に一家で引越してきた。父親は通勤に時間がかかるため，朝早く家を出て，帰宅は夜遅い。母親は教育熱心で，ケイタの家庭学習をみている。父親はケイタなりの個性を認めており，「将来はどうにかなる，ゆっくり考えていこう」と話している。

4　生育歴（発達課題の達成状況など）

　幼児期は，室内でテレビを見て過ごすことが多かった。言葉数は少なく，表情が豊かではなかった。幼稚園や小学校から，「落ち着きがない」「集団生活になじめない」と連絡を受けることがあった。

5　援助チームメンバー

　保護者，学級担任，学年主任，スクールカウンセラー，特別支援教育コーディネーター

6　援助者の願いや苦戦

援助者	願いや苦戦
学級担任	ケイタの個性（自助資源）に応じた支援を工夫しようとしている。ケイタと周囲の生徒との関係づくりに苦戦している。
教科担任	ケイタの学習状況（理解に時間がかかる，作業が遅い）に応じて個別の助言を行っている。グループ学習におけるケイタとほかの生徒との折り合いに苦慮している。
母親	学力向上を願っているが，ケイタの学習への取り組み方や成績に悩んでいる。また，友達関係のトラブルが多いことにも胸を痛めている。

©Ishikuma & Tamura 2013

第5章　特別支援教育におけるチーム援助の事例

田村・石隈式【援助資源チェックシート ネットワーク版】

記入日　　年　　月　　日

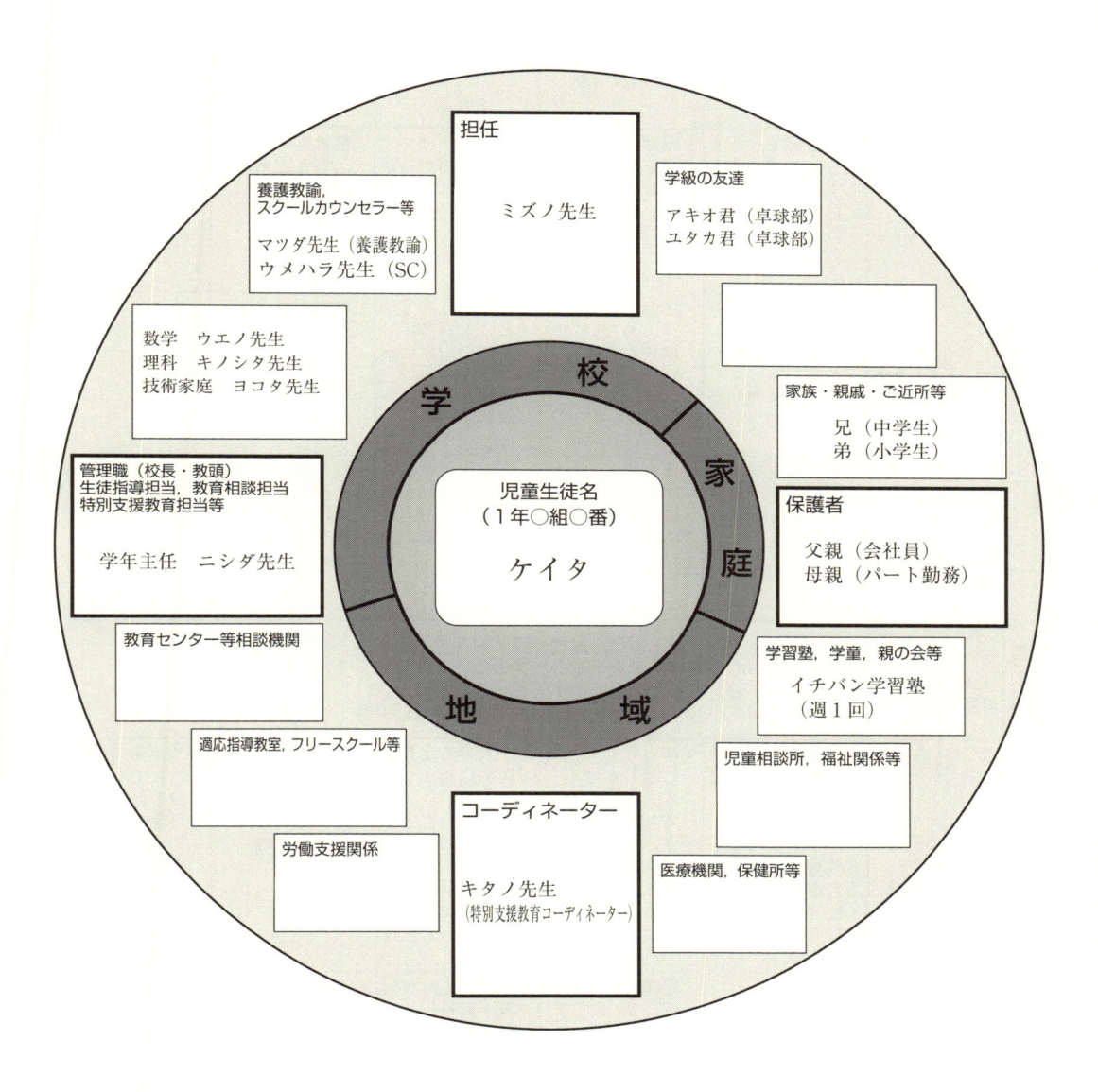

担任
ミズノ先生

学級の友達
アキオ君（卓球部）
ユタカ君（卓球部）

養護教諭，スクールカウンセラー等
マツダ先生（養護教諭）
ウメハラ先生（SC）

数学　ウエノ先生
理科　キノシタ先生
技術家庭　ヨコタ先生

家族・親戚・ご近所等
兄（中学生）
弟（小学生）

管理職（校長・教頭）生徒指導担当，教育相談担当 特別支援教育担当等
学年主任　ニシダ先生

保護者
父親（会社員）
母親（パート勤務）

学校　家庭

児童生徒名
（1年○組○番）
ケイタ

地域

教育センター等相談機関

学習塾，学童，親の会等
イチバン学習塾
（週1回）

適応指導教室，フリースクール等

児童相談所，福祉関係等

労働支援関係

コーディネーター
キタノ先生
（特別支援教育コーディネーター）

医療機関，保健所等

©Tamura & Ishikuma 1997-2013

事例5

【石隈・田村式 援助チームシート5領域版】

実施日：○○年○月○日（○） 時 分～ 時 分 第 回
次回予定：××年×月×日（×） 時 分～ 時 分 第 回
出席者名：援助チームメンバー

苦戦していること（　学習にうまく取り組めない，集団の中で不安定になる　）

児童生徒名 1年○組○番 ケイタ 担任名 ミズノ		知的能力・学習面 （知能・学力） （学習状況） （学習スタイル）など	言語面・運動面 （言葉の理解や表現） （腕と手の運動） （上下肢の運動） など	心理・社会面 （情緒面）（人間関係） （ストレス対処スタイル） など	健康面 （健康状況） （視覚・聴覚の問題） など	生活・進路面 （身辺自立） （得意なことや趣味） （将来の夢や計画）など
情報のまとめ	（A） いいところ 子どもの自助資源	・数学はできるまでがんばろうとする ・自分で決めた目標をかたくなに達成しようとする	・卓球が好き ・文字をていねいに書く	・言葉をかけてくれる友達がいる ・指示された仕事に素直に取り組む	・健康である ・欠席と遅刻は各1回	・将来はコックになりたい ・読書が好き
	（B） 気になるところ 援助が必要なところ	・とりかかりが遅れる ・グループ活動が苦手 ・1人で学習したがる	・体育では動きがぎこちない ・球技が苦手	・ぼんやりしていることが多い ・集団の中にいることがつらい ・友達をつくるのが苦手	・偏食が目立つ	・職業についてよく知らない
	（C） してみたこと いままで行った，あるいは，いま行っている援助とその結果	・発表を支援したが，途中で混乱し，不安定になった	・体育で，よい面が見られたときにはすかさずほめた	・不安定になったときは，静かな場所で落ち着かせ，話を聴いた	・給食のとき，好き嫌いを減らしたほうがよいと声をかけた	・進路学習で個性について考えさせた
援助方針	（D） この時点での目標と援助方針	1　個別学習を行うとともに，課題や授業形態を工夫する 2　ケイタの心理面のケアをする。周囲の生徒の気持ちを受け止め，働きかける 3　母親の不安に対して心理面のケアをする 4　援助者がチームで互いに支え合い，ケイタの自助資源を伸ばしていく				
援助案	（E） これからの援助で何を行うか	①個別の学習援助（課題把握，自力解決の援助） ②できたことをすかさずほめる ③教科ごとに援助者をおく ④放課後の補習を行う	①ゆっくり具体的に話しかける ②本人のペースを守り，作業を見守る ③できたこと，がんばったことを言葉にしてほめる	①できることを意図的に指示してほめる ②つらそうなときには相談室への移動を促す（または補助の教師が廊下で落ち着かせて話を聴く）	①安心できる場所の提供 ②体調が悪いときのケア ③栄養の指導	①卒業後の進路について考える機会を設定する ②料理の話を通して，本人の意欲を認めていく
	（F） 誰が行うか	①教科担任 ②教科担任，学級担任，保護者 ③空き時間の教員 ④教科担任	①保護者，学級担任 ②教科担任 ③保護者，学級担任，教科担任	①学級担任，保護者，教科担任 ②学級担任，教科担任，SC	①②養護教諭，学級担任，SC ③養護教諭，保護者，学級担任	①学級担任，学年主任 ②保護者，学級担任
	（G） いつからいつまで行うか	教科担当者間で情報交換をして有効な支援を共有しながら年度末まで継続する	←		修正しながら年度末まで継続する	→

©Ishikuma & Tamura 1997-2013

【石隈・田村式 個別の指導計画シート】

作成日　　年　月　日（　）

児童生徒名：1年○組○番 [　　ケイタ　　]
学級担任名：[　　ミズノ　　]　　通級学級担任名：[　　　　　]

――― このシートでのサポート対象に○をつけ，それについてシートを作成してください。―――

（知的能力・学習面）　言語面・運動面　　心理・社会面　　健康面　　生活面・進路面

GOAL	長期目標 （1年の間に伸ばしたい力）	知的能力・学習面： 学習に落ち着いて取り組める	
	短期目標 （学期で伸ばしたい力）	1 学習にとりかかれる	2 落ち着いて教室にいられる
PLAN&DO	援助で何を誰が行うか	・活動を促し，とりかかったらほめる ①言葉をかけて活動を促す。 ②教科書やノートを開いたらほめる。 ③活動予定を視覚化する。 ④板書を見やすくし，写したらほめる（課題や大切なポイントを囲む，色チョークを使う，カードを使う）。 ⑤発言したらほめる（わかりやすい発問の工夫，事前の連絡）。 ・取り組みやすさを工夫する ⑥計算練習は，プリントの問題数を少なくして，終わったらほめる。 ⑦漢字や英単語の練習は，短文や絵などを用いて意味をとらえやすくする。 ⑧理科の実験や技術家庭の作業を個別にできるように用具を準備する。 ①②③④⑤⑥⑦⑧学級担任，教科担任	・気持ちを安定させる働きかけをする ①座席は本人が落ち着くところにする。 ②「やっているところ」「できているところ」を見つけてほめる。 ③短くわかりやすい言葉で指示する。 ④つらそうになったら，相談室や保健室への移動を促す（または，教室の外で話を聞く）。 ⑤教科によっては，ほかの教師が教室に入って見守る。必要に応じてサポートする（理科，技術家庭科など）。 ⑥周囲の生徒がケイタにうまくかかわれるようにする。 ⑦家庭と学校で連絡を密にとる。 ①③④⑤⑥⑧学級担任，教科担任 ②⑦母親，学級担任，教科担任
	いつ・どこで行うか	次の援助チーム会議まで ①②③④⑤⑥⑦⑧学級，教科教室	次の援助チーム会議まで ①②③④⑤⑥学級，教科教室
	学級経営・学校経営上の工夫，援助機関との連携，用いる教材など	<工夫> 活動予定の視覚化，色チョークやカードを使った板書など，とらえやすさ，とりかかりやすさを具現化する。 <教材> 計算ミニプリント，漢字プリント，英単語練習カード	<工夫> 相談室や保健室と連携し，だれでも安心して利用できる場所とする。「授業サポート計画表」を作成する。具体的な指示を心がける。
SEE	評価 （うまくいったこと うまくいかなかったこと）		

©Ishikuma & Tamura 2013

事例6 学習に苦戦しているミドリへのチーム援助

- ●援助対象　　　　中学校1年生（診断なし）
- ●コーディネーター　特別支援教育コーディネーター

経緯

ミドリは中学校1年生。小学校2年生のころより学習の遅れが著しくなった。学級担任が個別に指導したり，母親に状況を伝えたりしていたが，家庭ではそれほど深刻にとらえられていなかった。学年が進むにつれ遅れも大きくなっていったが，保護者は学習の遅れについては楽観的で，むしろ，もともと友達が少ないこともあり，中学校に入学して友達づきあいがうまくいくかということを心配していた。

(1) 苦戦への気づき

小学校のときからミドリには大きな学習の遅れがあり，特別支援学級への入級が検討されたこともあるということでした。中学校では，まずミドリが学校生活に慣れることが優先であると考え，仲のよいノゾミと同じ学級にするなどの配慮をして，学習面は入学後しばらく様子を見ることにしました。

ミドリは対人関係からくる小さなトラブルを頻繁に起こしましたが，学級担任がそれらを一つ一つていねいに解決し，学級の一人一人を大切にするかかわりを続けていきました。

6月末になり，初めての中間テストが実施されました。すると，ミドリは実施されたすべての教科で，ほとんど点がとれませんでした。保護者もある程度は予想はしていたものの，あまりの点数の悪さに驚きを隠せない様子でした。

ちょうどこのころから，ミドリが腹痛や頭痛を訴え，10分休みや昼休みに保健室に姿を見せることが増えました。

この時期，家庭と学校で見せているミドリの苦戦の状況は，次のようなものでした。

知的能力・学習面　読み書きや計算は，小学校2年生程度までできる。アルファベットは毎日のようにノートに書いて教えているが，覚えられない。

言語面・運動面　言葉の理解力が低い。反応が遅いので，会話に時間がかかる。

心理・社会面　からかわれるとムキになり，相手に言われた言葉をそのまま繰り返して言い返す。

健康面　頭痛や腹痛で頻繁に保健室に行く。出たがらない授業（特に数学，英語）が目立ってきた。

生活面・進路面　身の回りの物の整理整頓が苦手。何度注意しても雑然としている。たびたび物をなくす。

(2) 教育相談部会での話し合い

　保健室での様子が養護教諭から学級担任に伝えられ，6月の「教育相談部会」でミドリが取り上げられることになりました。

　本校でコーディネーション委員会の役割を果たしている教育相談部会では，不登校やLD（学習障害）など，特別な配慮を必要としている子どもについて，日常の情報交換と援助方法の話し合いをします。原則として月1回開かれ，そのメンバーは，管理職，教育相談部員（特別支援教育コーディネーターを含む3人の職員で組織），養護教諭です。そこで取り上げられた生徒について，さらに「ケース会議」を実施するか否かを検討します。ケース会議を実施するのが望ましいと判断された場合は，ケース会議の日程とメンバーを決定します。

　ミドリの場合は，7月にケース会議を実施することが決まり，メンバーは，学級担任，学年主任，教頭，特別支援学級担任，養護教諭，スクールカウンセラー，特別支援教育コーディネーターになりました。

　また，同じころに，三者面談（ミドリ，母親，学級担任）が実施され，母親から「学習の遅れに対して何か手だてはないか。すぐにでも家庭教師をつけたい」という訴えがありました。中間テストの結果へのショックと，成長とともに変化するミドリの様子へのとまどいから，楽観的だった保護者の考えに変化がみられました。いままで比較的素直だったわが子が反抗期を迎え，これまで以上に注意することが増え，それにもかかわらずかたくなな様子に，どのように対処したらよいのか母親も苦戦していることが推測されました。

　ちょうど夏休み前ということもあり，コーディネーターはこの機会をとらえて，9月からの具体的な手だてについて，有効な話し合いをもちたいと考えました。そこで，三者面談の内容に加え，他の職員や生徒からも情報を収集し，それらを整理して7月のケース会議に臨むことにしました。

(3) 援助チームの基盤つくり

　ケース会議の前に，コーディネーターは以下のことを行いました。

①検査について

　コーディネーターは，小学校のころより懸案となっていた，ミドリの学習困難や問題状況をきちんと把握するために，個別の知能検査を実施したいと考えており，保護者が「困っている」と感じているいまは，よいチャンスだと考えていました。また，母親は，学級担任をとても信頼しており，何か有効な手だてを考えてもらえるものと期待していました。そこで，関係機関に問い合わせて，知能検査の種類や実施上の諸注意，結果の扱いについて情報と資料を集め，学級担任から保護者に勧めてもらいました。

②個別の学習支援について

　この年度は，特別支援学級に特別支援教育支援員（以下，支援員）が週1回来校していたことから，ミドリの学級でも支援をしてもらえるように日程の調整を図っておきました。

　また，ミドリに対して，「放課後，保健室で勉強するからおいで！」と，養護教諭と特別支援学級担任に声をかけてもらうようにしました。「お友達を誘ってもいいよ」との呼びかけに，「えっ，1人じゃなくていいの？」

事例6

と，ミドリは喜んでノゾミを連れてきました。これらの様子からは，ミドリが養護教諭をはじめとして，とくに女性の先生に人なつこく接していることや，学習は決して嫌いではないが，できないとあきらめてしまっていることなどがわかってきました（個別の指導計画シートP143）。

③人間関係について

仲のよい友達がノゾミ1人しかいないので，ミドリの交友関係が広がるように，所属している福祉委員会の顧問に，ミドリと友達になれそうな生徒を事前にリサーチしておいてもらいました。

(4) 援助チームでの援助

7月に入り，ミドリの「ケース会議」を援助チームでもちました。コーディネーターの司会で，まず学級担任がミドリの状況について概要を説明し（プロフィールシートP140），それをもとに，話し合いながらシートを完成させていきました（援助チームシートP142）。

長期目標は，学習の遅れを取り戻すとともに，進路に向けて必要な力をつけていくことになりました。

保護者から了解が得られた知能検査の実施方法については，外部の相談機関で実施してもらうのがよいとの見解になりました。学校で関係者が実施するよりも，病院に通院するように，外部の機関へ出向いたほうが，保護者にとって自然で抵抗がないだろうという判断になりました。学級担任が親子の都合のよい日をあらかじめ聞いておき，コーディネーターが外部機関との連絡調整をすることにしました（援助資源チェックシートP141）。この検査結果によって，新たに対策を立てることも視野に入れておきました。

次に，数学，英語，技術，美術が大きく遅れているミドリが，自分に合ったペースで学習を進めるためには，個別指導が必要だと考えられました。自分に合ったペースで学習することで，わかる喜びを味わわせたいと考えました。そこで，どの教科で，どの程度，ミドリに学習の援助ができるかという具体的な話し合いをしました。

スクールカウンセラー（週1回来校）からは，母親と祖母の関係や，ミドリと父親のかかわりをサポートするために，母親と定期的に面談をしていきたいと申し出がありました。

教頭からは，次回の話し合いには，学級でミドリのサポートに入っている支援員や福祉委員会の顧問，また母親にも出席してもらうようにとの助言がありました。

その後，ミドリは，知能検査の結果から知的発達が遅れていることが明らかになりました。2学期からは本人の希望もあって，とくに苦手な数学と英語の授業は，別室で個別指導を行うことになりました。技術と美術の授業は，これまでどおり学級で受け，ミドリと仲のよいノゾミを同じ班にし，友達からのサポートが受けられるように配慮しました。

こうして，ミドリはみるみる落ち着いていきました。学級担任には家のことなど何でも話すようになり，学級の生徒とも「言った」「言わない」などのトラブルがずいぶん減ってきました。

いろいろな先生や委員会の友達や先輩にも自分からすすんで声をかけるようになり，そ

の姿は職員室でも話題になりました。ミドリにとって、個別での学習は、自己効力感がもてるきっかけとなったようでした。

しかし、ミドリが中学校にいるのはあと2年間であり、卒業とともに次のステップに進んでいかなくてはなりません。将来に向けてどのような具体的な力をつけていくか、さらに保護者とミドリと一緒に話し合い、努力を続けていくことが今後の課題としてみえてきました。

2年生への進級時には、コーディネーターが一連のシートをもとに引き継ぎを行い、援助方針を継続していきました。

事例メモ

いつ援助シートを使ったか
1回目　7月★……教育相談部会の決定を受けて、ミドリのケース会議で使用。
2回目　1学期終了時……いままでの援助を評価し、援助案を修正した。
3回目　2年生進級時……いままでの援助を評価し、援助案を修正した。また、進路を視野に入れたミドリへの援助と2年次の環境調整を行うための引き継ぎ資料として使用した。

シートがきっかけになってわかったことや情報
・ミドリの学校生活および家庭生活における問題状況と具体的な援助方法がわかった。
・知的能力・学習面と心理・社会面の問題について理解し、具体的な援助方法を話し合った。

援助のポイント

①子どもの状況についての適切な理解を、保護者や学校が共有する（知能検査などの必要性。専門機関との連携）。
②保護者の立場に立ち、共感的な接し方に努める。
③検査結果を生かして援助を行う。
④学級担任1人が抱え込むことのないよう、組織を機能させる。そのためにコーディネーターが中核的な存在となる。
⑤常に新しい情報が行き交うよう職員間の連携と意思疎通を図る。
⑥専門機関などの他の援助資源を、必要に応じて活用する。

事例6

【石隈・田村式 プロフィールシート】（　　年　月　日作成）記入者　オオタ

[1年○組○番]
児童生徒名：ミドリ　　　　　　　　　　担任名：アイバ

1　子どもの願いや苦戦している状況

　小学校2年生のころより，学習面の遅れが著しくなった。学校生活では自分のペースで行動することが多く，周囲からからかわれがちであった。穏やかで人なつこい性格だが，家では親の注意を受け入れようとしない。身の回りの片づけなど，生活全般にわたって苦戦しているようである。
　ミドリも母親も学習面での心配から，中学校では特別支援学級への入級も考えていたが，小学校で唯一仲のよかったノゾミと一緒にいたいため，通常級に進学した。しかし，学習面では遅れる一方であり，このままだと進路が心配である。

2　学級・学校の様子（学級・学校の雰囲気，担任の方針など）

　学級担任は，「一人一人を大切にして，まとまりのある明るく楽しいクラスにしよう」という方針である。学級には元気のいい男子もおり，ときには心ない発言もあるが，学級担任がそのたびにていねいな説諭をしており，学級全体は入学当初に比べ落ち着いてきている。ミドリの友達は，小学校で親しかった転校生のノゾミだけである。清掃や給食当番などの生活班も同じである。

3　家族（構成，子どもの問題状況のとらえ方，大切にしていることなど）

　父親（会社員），母親（パート勤務），ミドリ，妹（小学生），祖母（無職）。
　いつも仕事が多忙な父親が子どもたちと接するのはおもに休日である。妹が所属しているテニスチームの応援に，家族でそろって行くこともある。父親は，ミドリの学習の遅れや友達関係について「大人になれば何とかなる」と楽観的に考えているようである。母親と祖母は深刻に受け止めているが，現段階でどうしていいかよくわからないようである。

4　生育歴（発達課題の達成状況など）

　幼稚園に初めて通ったとき，母親から離れられなくて大泣きしていた。小学校に入学したときも，楽しみより不安のほうが大きいらしく，泣いてばかりいた。妹は，正反対の性格なので，どうしたものか母親も祖母も心配している。小学校1年生のとき，動作が遅く1人でいることが多いと学級担任から言われたことがある。

5　援助チームメンバー

　保護者，学級担任，学年主任，教頭，特別支援学級担任，養護教諭，スクールカウンセラー，特別支援教育コーディネーター

6　援助者の願いや苦戦

援助者	願いや苦戦
学級担任	学習面の遅れが著しいので，授業とは別の形で何とか支援できないものかと悩んでいる。また，仲のよい友達が1人しかいないので，交友の幅を広げたい。
養護教諭	授業がわからないせいで，腹痛や頭痛を訴えては，保健室に頻繁に来ている。この辺りで何か手だてを考えなければ，と学級担任と情報交換している。
母親	中間テストの点数が極端に悪くて驚いている。また，保健室に寄ってから遅刻して授業に出るなど，学校の様子を聞いて困っている。

©Ishikuma & Tamura 2013

第5章 特別支援教育におけるチーム援助の事例

田村・石隈式 【援助資源チェックシート ネットワーク版】

記入日　　年　　月　　日

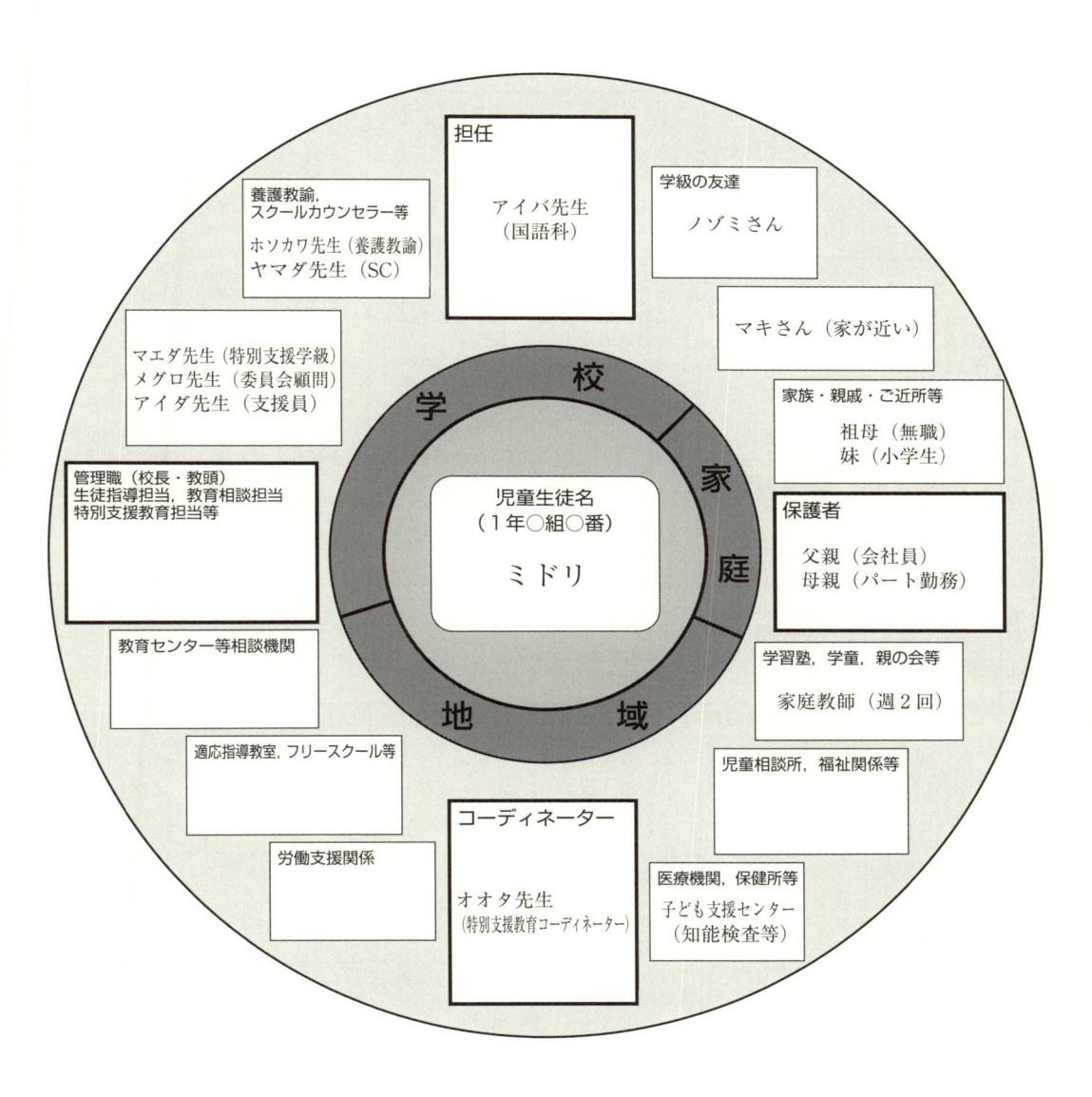

学校

担任
アイバ先生
（国語科）

養護教諭,
スクールカウンセラー等
ホソカワ先生（養護教諭）
ヤマダ先生（SC）

マエダ先生（特別支援学級）
メグロ先生（委員会顧問）
アイダ先生（支援員）

管理職（校長・教頭）
生徒指導担当, 教育相談担当
特別支援教育担当等

家庭

学級の友達
ノゾミさん

マキさん（家が近い）

家族・親戚・ご近所等
祖母（無職）
妹（小学生）

保護者
父親（会社員）
母親（パート勤務）

地域

教育センター等相談機関

適応指導教室, フリースクール等

労働支援関係

学習塾, 学童, 親の会等
家庭教師（週2回）

児童相談所, 福祉関係等

医療機関, 保健所等
子ども支援センター
（知能検査等）

コーディネーター
オオタ先生
（特別支援教育コーディネーター）

児童生徒名
（1年○組○番）
ミドリ

©Tamura & Ishikuma 1997-2013

事例6

【石隈・田村式 援助チームシート5領域版】

実施日：○○年○月○日（○） 時 分～ 時 分 第 回
次回予定：××年×月×日（×） 時 分～ 時 分 第 回
出席者名：援助チームメンバー

苦戦していること（　学習の遅れが著しい，友達にからかわれやすい　　　　　　　　　　　　）

児童生徒名 1年○組○番 ミドリ 担任名 アイバ		知的能力・学習面 （知能・学力） （学習状況） （学習スタイル）など	言語面・運動面 （言葉の理解や表現） （腕と手の運動） （上下肢の運動） など	心理・社会面 （情緒面）（人間関係） （ストレス対処スタイル） など	健康面 （健康状況） （視覚・聴覚の問題） など	生活面・進路面 （身辺自立） （得意なことや趣味） （将来の夢や計画）など
情報のまとめ	（A） いいところ 子どもの自助資源	・短文を羅列することが好き ・じっとしていられる	・思いを文字や言葉にしようとする気持ちが強い	・からかいに対して言い返すことができる	・健康だが，冬場はかぜをひきやすい	・料理が好きで家でときどきご飯のしたくを手伝っている
	（B） 気になるところ 援助が必要なところ	・学力が伸びない ・授業についていけない（英語，数学） ・技術，美術が苦手	・相手の会話の内容を理解するのに時間がかかる ・運動能力が低い	・いまは少しおさまっているが，何かとからかわれる ・周りに合わせて動くのが苦手	・腹痛や頭痛を訴えて保健室に頻繁に行く	・身の回りの整理整頓が苦手で，たびたび物をなくす
	（C） してみたこと いままで行った，あるいは，いま行っている援助とその結果	・現状を母親に伝えたところ，最近になって家庭教師をつけた		・トラブルになりそうな場面を見つけたらアドバイスする	・養護教諭が様子を観察している	・家庭への配布物専用ファイルを用意し，それを活用している
援助方針	（D） この時点での 目標と援助方針	1　学習面のサポートをする 2　人間関係の幅を広げる 3　家族がミドリに積極的にかかわれるように支える 4　チームでかかわり，学級担任を支える				
援助案	（E） これからの 援助で 何を行うか	①個別の学習援助 ②知能検査等，客観的なデータをとり，今後の援助に生かす	①毎日，日記を書かせ，作文の力をつけさせるとともに，親子のふれあいの場とする ②休日は家族で公園に出かけるなど，積極的に身体を動かすようにする	①福祉委員会の活動（ボランティア活動，募金活動等）に積極的に参加させる ↓ 他者とかかわることに慣れる ②家族に本人との接し方を提案する	①校内でリラックスできる場所をつくる ②話をよく聴いてあげる ↓ 心理的な安定へ	①ゆっくりでいいから，自分の手で片づけをする（ノゾミさんに待っていてもらう） ②得意な料理を自分の力で作れるよう援助する ↓ 自信をもたせる
	（F） 誰が行うか	①支援員，特別支援学級担任，学級担任，母親 ②学級担任，市の子ども支援センター職員	①母親，学級担任 ②父親，祖母	①福祉委員会顧問ほか ②SC	①②養護教諭，学級担任，保護者等 ②SC	①学級担任等 ②母親，祖母，家庭科の先生
	（G） いつから いつまで行うか	教科担当者間で情報交換をして有効な支援を共有しながら年度末まで継続する ←		→	修正しながら年度末まで継続する	

©Ishikuma & Tamura 1997-2013

【石隈・田村式 個別の指導計画シート】

作成日　　　年　月　日（　）

児童生徒名：1年○組○番 [　　ミドリ　　]
学級担任名　：[　　アイバ　　]　　　通級学級担任名：[　　　　　]

――― このシートでのサポート対象に○をつけ，それについてシートを作成してください。 ―――

（知的能力・学習面）　言語面・運動面　　心理・社会面　　健康面　　生活面・進路面

GOAL	長期目標 (1年の間に伸ばしたい力)	知的能力・学習面： 　読み書きや計算などの基礎的な力がつく	
	短期目標 (学期で伸ばしたい力)	1 本人に合った課題に取り組める	2 毎日の家庭学習の習慣がつく
PLAN&DO	援助で何を誰が行うか	・教師間，教科間の連携を図り，本人に合った課題を継続して行う ①放課後残って学習する際，友達も一緒に自習してもらう。 ②学習の最後には，毎回5点満点の「小テスト」を行い，3点を合格点として「はげみ表」に結果を記入していき，がんばりの目安とする。 ③個別の学習指導を行う（英語，数学）。 　①②③支援員（週1回，2時間程度），特別支援学級担任，学級担任，母親，家庭教師	・日記指導を継続的に行う ①短時間でも毎日，落ち着いて机に向かう習慣をつける。 ②日記は，自由な話題から始め，友達とのやりとりなど，人間関係にかかわるところまで掘り下げて指導することを最終目標とする。 ③最初は，稚拙で短文であってもよい。気持ちを文字に表すことだけでもほめるようにする。 ①母親，家庭教師 ②学級担任 ③学級担任，母親
	いつ・どこで行うか	次のケース会議まで ①②③特別支援学級，学級，家庭	次のケース会議まで ①②③自宅，学校
	学級経営・学校経営上の工夫，援助機関との連携，用いる教材など	＜知能検査の結果＞ 　知的発達の遅れ ＜工夫＞ 教科ごとにいろいろな先生に教わることから，教材やノートのまとめ方を身につけられるようにする。 「できる」「わかる」喜びを味わえるようにする。 「支援者のための連絡帳」を作成し，連携がとれるように活用していく。	＜工夫＞ 養護教諭やスクールカウンセラー，友達などに，自分の思いを上手に伝えられるよう，日記を話題として会話を広げていく。
SEE	評価 (うまくいったこと うまくいかなかったこと)		

©Ishikuma & Tamura 2013

事例7 高校生活への適応に苦戦しているユキへのチーム援助

●援助対象　　　　　高校1年生（アスペルガー障害）
●コーディネーター　教育相談コーディネーター

経緯

ユキは高校1年生。入学直後，高校でのユキの生活を心配する母親から，校内の教育相談コーディネーターに，ユキがアスペルガー障害であること，中学校1年生の時に不登校を経験したこと，授業中に教師を質問攻めにして，中学校の教師から疎まれていたことなどが伝えられた。その後，ユキは4月末に学校を5日間欠席し，心配した母親から，教育相談コーディネーターに連絡があった。

(1) 苦戦への気づき

4月末，学校を休んでいるユキが，「授業のとき疎外感を感じる。自分でもクラスメイトに話しかけてみたが無理。1人で過ごすのはとてもつらい。でも学校をやめてしまうのは嫌だ。大学へ進学したいから」と言っていることを，母親がコーディネーターに訴えてきました。家庭と学校で見せているユキの苦戦の状況は，次のようでした。

知的能力・学習面　知能は平均的。多人数の授業は苦手。英語のヒアリングと作文，運動に苦戦。

言語面・運動面　質問や聞かれたことに答えられる。会話を継続させることは苦手。

心理・社会面　触られることを嫌がる。においや音に敏感。表情が固い。友達の輪に入れない。

生活面・進路面　静かに落ち着いて学習に取り組める。学校行事への参加は苦手。大学進学希望。

母親からの情報をもとにユキに登校を促してみることにしました。まず，「5日間欠席した授業の遅れを取り戻したい」というユキの気持ちに応えるために，ユキには，学習用具を自分で用意してくるように伝え，教科担任には，ユキへの個別の学習指導をお願いしておきました。学校生活がスムーズにいくように，学級担任には，ユキの様子を観察してもらいました。コーディネーターは，ユキと面談をして，情緒の安定を図りました。

ユキは友達がほしいのに，人とのかかわりが苦手でした。コーディネーターは母親の許可を得て，ユキの人間関係の広げ方について医師に助言を求めました。かかりつけの医師からは，大人と1対1の関係からスタートすることを勧められました。

そこで，まずは，教師がユキのつらい気持ちに耳を傾け，できるかぎり対処すると同時

第5章　特別支援教育におけるチーム援助の事例

に，自己肯定感を高める方針を立てました。

(2) 校内委員会での話し合い（アセスメント）

5月上旬に，学校生活で苦戦しているユキのことを「校内委員会」で取り上げることになりました。メンバーは，管理職，教務主任，教育相談コーディネーター，養護教諭，学年主任，スクールカウンセラー，学級担任です。

校内委員会では，ユキがどんなことに困っているかについて，情報交換をしました。
①服装指導における教師の曖昧な表現は，ユキにとって強い不満が残った。
②教室が汚れていることや，他人が勝手に自分の机を使い，汚すことへ怒りを感じる。
③授業中の騒がしさが苦痛である。

次に，アスペルガー障害について共通理解したうえで，ユキへの援助策について話し合いました。

①については，アスペルガー障害の特性を教師が理解していなかったことが原因と考えられました。服装の何をどう直すべきなのかをはっきり伝えることにしました。

②について学級担任は，学級で清掃について話し合い，毎日みんなで清掃をするように指導することにしました。また，スクールカウンセラーからのアイデアとして，ユキの机にシールをはり，他人に使用させないようにすることにしました。

③について，確かにユキは音に敏感でした。授業では，ほかの生徒の声の大きさや座席等に配慮するとともに，ユキが自己防衛策として，耳をふさいだり耳栓を使用することを了解することにしました。空き時間は，ユキが落ち着くための場所として，空き教室を活用できるようにしました。

さらにユキについての理解を深めるために，心理検査の結果や医師からの話をもとに，援助案を再検討することにしました。

(3) 心理検査の実施（検査によるアセスメント）

集団式心理検査（TK式テストバッテリーM2）の結果は，以下のとおりでした。
・知能に関する情報……知能は平均。空間理解能力や言語的能力は平均的。数処理能力はやや低い。
・性格に関する情報……考え方が控えめで消極的。すべてのことを悲観的にみてしまいがち。衝動的で気持ちの抑えがきかず，大人や友人とときどきぶつかる。また，神経質で気分がいつもすっきりしない。

検査結果から，不適応傾向が強いこと，人とのかかわり方や気分を上手に発散させる方法を学んだり，うまくできたことをほめることで，自己肯定感を高めたりする必要性があるとわかりました。

(4) 援助チームの基盤つくり

5月上旬の校内委員会後に，全職員で「発達障害について」の研修会をもちました。

また，職員会議で全校生徒に関する情報交換会を行いました。身体面で配慮を要する生徒については養護教諭が，心理面や行動面について気になる生徒については，教育相談コーディネーターが資料を作成しました。そして，特別な配慮を必要とする生徒の確認と対応の仕方について話し合いました。

このなかで，ユキへの対応の仕方と最近の

事例7

様子についても話をしました。ユキは、騒々しく感じる学級の仲間を好んではいませんが、授業で一緒になるカオルやヨウコとは、話したり笑ったりする場面も見られました。いっぽう、昼食は当初カオルと食べていましたが、このころには、会話のやりとりが続かず、体調もよくないため、一緒に食事をとらなくなっていました。

ユキからはさまざまな訴えがあり、それにできるかぎり対処することで、一時的には解決しますが、またしばらくすると次の問題が生じてくるという状態でした。

(5) 援助チームでの援助

5月中旬ころに、ユキのための「援助チーム」を立ち上げました。援助チームのメンバーは、教育相談コーディネーター、養護教諭、学年主任、スクールカウンセラー、学級担任、学生ボランティア等です。これまでのユキの様子や心理検査等の情報をもとに、改めて個別の援助案について具体的に話し合いました（援助チームシートP150）。

話し合いには、ユキや母親は直接加わりませんでしたが、日ごろのユキの苦戦や母親の願いを知っている教育相談コーディネーターが、援助チームの話し合いの中に反映させていきました。

とくにユキが、友達がほしいと強く思っていることから、授業で知り合ったカオルやヨウコたちと温かな関係を築くにはどうしたらよいか、またユキは、どんなことに興味があるのだろうかと考えました。

さらに、周囲から評価される機会を与え、自己肯定感を高めることができれば、ユキの自信につながり勉強の励みになると考えました。そこで、資格検定試験に挑戦することをユキに提案するために、誰がどんなふうに援助していくかを話し合いました（援助資源チェックシートP149）。

このような話し合いの結果、今後の目標は、第1に人とのかかわりが少しずつできるようになること、第2に個別学習支援を通して、自己肯定感を高め、自信をもたせること、第3に本校の卒業をめざすと同時に、進路実現ができることになりました。

(6) 援助チームでの成果と課題

9月以降、ユキは、昼休みになると空き教室を毎日利用するようになりました。空き教室では、学生ボランティアが、ユキの話に耳を傾けたり、話しかけたりしました。ユキは不満を吐き出したあとは、やさしい表情で教室に行きました。母親も不安なことがあると学校に電話をしてきました。ユキの担当医師が、「学校という社会が、いまのユキにとって唯一、人とかかわるところであるので大事にするように」と母親にアドバイスしたようでした。母親の話に耳を傾けることは、母親の心理的な安定を図るとともに、家庭でのユキの様子を知ることにもつながりました。

やがて、空き教室でユキが勉強している姿も見られました。教科担任からの働きかけもあって、苦手な英語へも意欲的に取り組むようになり、1月に英語検定3級に合格しました。学生ボランティアと共にみんなで喜びました。とてもうれしそうな表情でした。

ユキが2年生になると、空き教室に姿を見せることがなくなりました。母親の電話連絡

によると，不満を漏らしながらも，がんばっているとのことでした。

2年生の9月になると，ユキは昼休みとLHRのときに，再び空き教室に来室するようになりました。これまでと違って，学校生活の不満を話し終わると，下級生とトランプをしたり，昼食をとったりすることもありました。

あるとき，ユキは，空き教室にある「心のノート」に絵を描きながら，学生ボランティアに「イラストレーターになろうかな？」とつぶやきました。ユキの興味・関心を垣間見ることができました。体調不良を訴えていたときも，絵を描いたり，勉強をしたりする姿がありました。

11月の文化祭は欠席でした。学習面では意欲と成果が表れていましたが，人とのかかわりはむずかしいようでした。しかし，難色を示していた水泳大会は，単位が関係するということで最初から最後まで参加しました。「速いね。がんばったね」と声をかけると喜んでいました。援助チームのアイデアとして，水泳のスタート前に，空き教室で学生ボランティアと過ごすという配慮もユキにはよかったようです。

こうして，苦手なことも克服するなど，自信につながり，周囲からも認められる存在になっていきました。

3月には，英語検定2級を取得しました。ヒアリングの苦手なユキにとって，この合格は何よりの喜びであり，自信をもてる要因となりました。

援助方針は卒業まで引き継ぎ，ユキは無事に希望する大学へ進学していきました。

事例メモ

いつ援助シートを使ったか

1回目　5月★……援助チーム会議で援助案を立てるために使用。
2回目　9月……1学期の援助を評価し，援助案を修正した。また，今後のユキの目標と援助案を話し合った。

シートがきっかけになってわかったことや情報

・情報収集により，ユキの学校生活における問題状況と具体的な援助方法がわかった。
・情緒の安定を図ったうえで，具体的な援助方法を話し合うことができた。

援助のポイント

①生徒の状況についての適切な理解を，担任や教育相談係が共有する（知能検査などの必要性と活用。医療機関との連携）。
②検査結果を生かして援助を行う。
③生徒のいいところを認めて自尊心を高める。
④保護者も不安を抱えているので，援助を行う。

事例7

【石隈・田村式 プロフィールシート】（　　年　月　日作成）記入者　タカハシ

[1年○組○番]
児童生徒名：ユキ　　　　　　　　　　　　　担任名：オカダ

1　子どもの願いや苦戦している状況

　高校入学直後に、母親から、ユキがアスペルガー障害であることや、中学1年生のとき不登校を経験したこと、また授業中に教師を質問責めにした結果、教師から投げやりな態度をとられたこと等、中学時代のユキについて情報を得る。母親は、ユキに対する高校での教師の対応の仕方や、ユキ自身の手洗いへのこだわり、友達ができるかどうか等について心配している。

　ユキは、毎日がんばって学校生活を送ってきたが、4月末ころに5日間欠席をした。ユキは母親に「授業のとき疎外感を感じる。自分でも話しかけてみたが無理。1人で過ごすのはとてもつらい。でも学校をやめてしまうのは嫌だ。大学へ進学したいから」と訴えている。

2　学級・学校の様子（学級・学校の雰囲気、担任の方針など）

　担任のオカダ先生は、学級に人間関係づくりが苦手な生徒が複数いることを理解しており、ユキもその1人として受け止めている。オカダ先生は、「まとまりをつくるのがむずかしいクラスだが、友達がほしいという気持ちは誰でもあるので、それぞれのよさを発揮できるクラス、居心地のいいクラスを何とかつくりたい」と思っている。

3　家族（構成、子どもの問題状況のとらえ方、大切にしていることなど）

　父親（会社員）、母親（パート勤務）、ユキ、妹（中学生）。

　父親は、スポーツマンタイプであるが、ユキは運動嫌い。ユキからは父親にあまり話しかけないが、父親はユキの気持ちを大事にしている。母親は、ユキから不満や苦痛を訴えられるたびに、不安になっている。妹は部活動をしているが、時間があるときは、姉のユキから勉強を教わったりしている。

4　生育歴（発達課題の達成状況など）

　1つのことに対するこだわりが見られた。小学生のころ、靴下をはかなかったり、物の収集をしたりしていた。中学生のときに病院で検査を受け、アスペルガーと診断された。

5　援助チームメンバー

　保護者、学級担任、教育相談コーディネーター、養護教諭、養護助教諭、スクールカウンセラー、学生ボランティア。

6　援助者の願いや苦戦

援助者	願いや苦戦
母親	4月末に学校を欠席したことや、学習の遅れや友達ができないことを心配している。
学級担任	清掃や学校行事が苦手なユキの対応に苦戦。
コーディネーター	友達ができないことや学級の雰囲気が苦手というユキの苦痛について、学級担任とよく情報交換をしている。

©Ishikuma & Tamura 2013

第5章　特別支援教育におけるチーム援助の事例

田村・石隈式 【援助資源チェックシート ネットワーク版】

記入日　　年　　月　　日

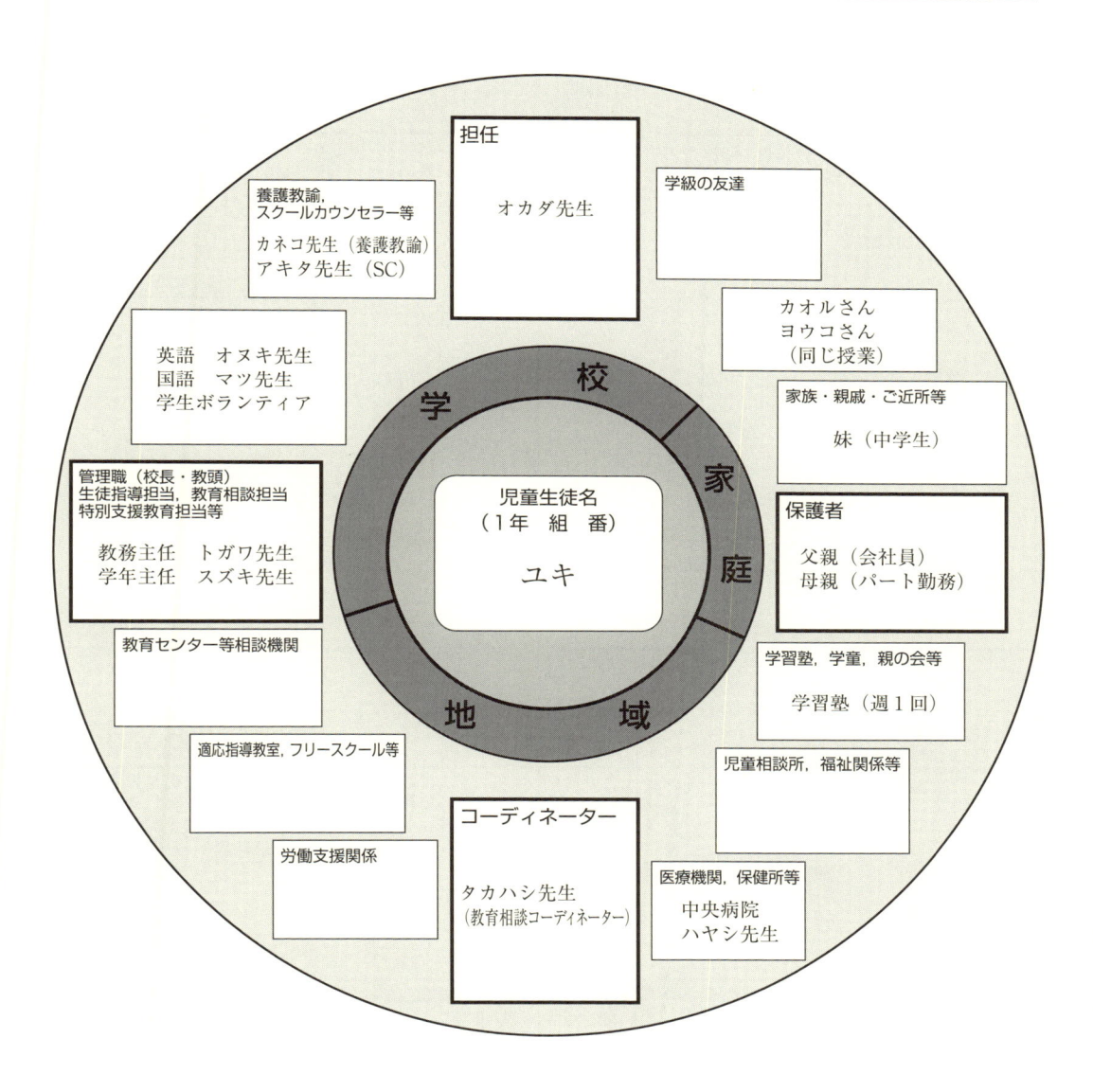

児童生徒名
（1年　組　番）
ユキ

学校／家庭／地域

担任
オカダ先生

学級の友達

養護教諭，スクールカウンセラー等
カネコ先生（養護教諭）
アキタ先生（SC）

カオルさん
ヨウコさん
（同じ授業）

英語　オヌキ先生
国語　マツ先生
学生ボランティア

家族・親戚・ご近所等
妹（中学生）

管理職（校長・教頭）
生徒指導担当，教育相談担当
特別支援教育担当等

教務主任　トガワ先生
学年主任　スズキ先生

保護者
父親（会社員）
母親（パート勤務）

教育センター等相談機関

学習塾，学童，親の会等
学習塾（週1回）

適応指導教室，フリースクール等

児童相談所，福祉関係等

労働支援関係

コーディネーター
タカハシ先生
（教育相談コーディネーター）

医療機関，保健所等
中央病院
ハヤシ先生

©Tamura & Ishikuma 1997-2013

事例7

【石隈・田村式 援助チームシート5領域版】

実施日：○○年○月○日（○） 時 分～ 時 分 第 回
次回予定：××年×月×日（×） 時 分～ 時 分 第 回
出席者名：援助チームメンバー

苦戦していること（　　学校に行くのがつらい・友達ができない　　　　　　　　　　　　　　　　　　）

児童生徒名 1年○組○番 ユキ 担任名 オカダ		知的能力・学習面 （知能・学力） （学習状況） （学習スタイル）など	言語面・運動面 （言葉の理解や表現） （腕と手の運動） （上下肢の運動）など	心理・社会面 （情緒面）（人間関係） （ストレス対処スタイル）など	健康面 （健康状況） （視覚・聴覚の問題）など	生活面・進路面 （身辺自立） （得意なことや趣味） （将来の夢や計画）など
情報のまとめ	（A） いいところ 子どもの自助資源	・1つ理解してから次のステップに進むタイプ	・質問や聞かれたことに答えることができる	・大切な連絡事項は，メモ帳に記録している		・大学進学希望 ・休日の模試試験に参加 ・イラストを描くことが好き
	（B） 気になるところ 援助が必要なところ	・大人数の授業は，音が気になり苦手	・会話を継続させることが苦手 ・自分からあまり話しかけない ・運動が嫌い	・行事やLHRが苦手 ・友達がいない ・ストレスを抱え込みやすい ・学校へ行くのがつらくムカムカする	・音に敏感 ・教室の汚れが気になる ・休日は外出しない	
	（C） してみたこと いままで行った，あるいは，いま行っている援助とその結果	・曖昧な表現は避け，ていねいにはっきり伝える ・計画の変更や予定は板書する ・座席や声の大きさに配慮する		・空き教室の提供 ・母親や担当医と情報交換	・母親が散歩に誘う	・イラスト部の部誌に作品の掲載を勧めてみた
援助方針	（D） この時点での 目標と援助方針	1　個別の学習援助によって，資格取得をめざし，自己肯定感を高める 2　静かで落ち着ける場所の提供 3　チームでかかわり学級担任を援助する				
援助案	（E） これからの 援助で 何を行うか	①英語検定，漢字検定合格に向けた学習指導 ↓ 認められることで自信をつける	①球技大会での配慮事項の確認 ②対人スキルを指導	①ストレスの対処法について指導 ②学級活動への参加を促す ↓ 所属意識をもたせる	①昼食の様子や健康面を確認する ②LHRで学級の教室の清掃指導をする	①個別学習援助で学力向上を図る ②スタディルームの使用許可と進路情報の提供 ③イラストを描いたり，会話をして楽しむ
	（F） 誰が行うか	①教科担任，学級担任	①体育教師 ②養護教諭，学年ボランティア，コーディネーター，学級担任	①②養護教諭，学生ボランティア，コーディネーター，学級担任	①②学級担任，コーディネーター，母親，学生ボランティア	①②③学級担任，教科担任，進学指導担当，母親，学生ボランティア
	（G） いつから いつまで行うか		←	修正を加えつつ今年度末まで継続	→	

©Ishikuma & Tamura 1997-2013

【石隈・田村式 個別の指導計画シート】

作成日　　　年　月　日（　）

児童生徒名：1年○組○番［　　　ユキ　　　］
学級担任名：［　　オカダ　　］　　　通級学級担任名：［　　　　　　　］

―― このシートでのサポート対象に○をつけ，それについてシートを作成してください。――

知的能力・学習面　　言語面・運動面　　(心理・社会面)　　健康面　　生活面・進路面

GOAL	長期目標 （1年の間に伸ばしたい力）	心理・社会面： 自己肯定感を高める。人とのかかわりを学ぶ。	
	短期目標 （学期で伸ばしたい力）	1 　資格を取得することなどで，自信をつける。	2 　フリースペースで，人とのかかわりを学ぶ。
PLAN&DO	援助で何を誰が行うか	・とりかかったらほめる ①検定試験のスケジュールを確認し，学習計画を立てる。 ②検定試験の勉強を始めたら，タイミングよくほめる。 ③検定試験の勉強を継続するよう励ます。 ・興味のある題材に取り組む ④英語や国語の問題集はとりかかりやすいので，励ましながら学習させる。 　①②③④学級担任，教科担当，教育相談コーディネーター	・まめな声かけをする ①静かに落ち着いて，心の安定を図れるようにする。 ②ユキの様子をみながら，まめに声かけをする。 ③比較的年齢の近い学生ボランティアが，ユキの話に耳を傾ける。 ④学生ボランティアが，ほかの生徒とユキの橋渡しをする。 ⑤ユキが興味のあることを一緒にやる。 ⑥ちょっとしたことでもほめる。 ⑦家庭と学校で連絡を密にとる。 　①②③④⑤⑥学生ボランティア，教育相談コーディネーター 　⑦学級担任，保護者
	いつ・どこで行うか	次の援助チーム会議まで ①②③④学級，授業中，フリースペース	次の援助チーム会議まで ①②③④⑤⑥⑦学級，フリースペース
	学級経営・学校経営上の工夫，援助機関との連携，用いる教材など	＜工夫＞ ユキの情緒の安定を図りながらかかわる。 同じ趣味をもつ生徒とのかかわりを増やす。 授業のなかでも，ほめられる機会をつくり，自信がもてたり，周囲に認められるようにする。	＜工夫＞ フリースペースで心の安定を図りつつ，学級で人とのかかわりをつくる。仕事を担任と一緒にやることで学級への所属感をもたせる。できるところから学校行事に参加を促す。
SEE	評価 （うまくいったこと うまくいかなかったこと）		

©Ishikuma & Tamura 2013

事例 8 居眠りや忘れ物が多いハヤトへのチーム援助

●援助対象　　　　　高校2年生（診断なし）
●コーディネーター　特別支援教育コーディネーター

経緯

ハヤトは高校2年生。入学当初から居眠りが目立った。授業中だけではなく，部活動の練習中や試合中にも居眠りがあり，起こそうとしてもなかなか起きない状況だったが，生活が不規則というわけではないようであった。また，提出物の出し忘れが多かった。繰り返し注意をしても，居眠りと提出物の忘れ物が直らず，学級担任は対処に困っていた。

(1) 苦戦への気づき

1年生の7月ごろに，学級担任から「いままでには見られなかったような生徒がいて困っている」という相談が寄せられました。特別支援教育コーディネーターが詳しく尋ねると，次のような状況が見られました。

言語面・運動面　学習に対する態度はまじめだが，宿題が期限どおりに出せない。

心理・社会面　感情が表情に表れず，何を考えているのかがわからない。自分から人とかかわろうとしない。

健康面　気がつくと居眠りをしていることが多く，なかなか起きない。

生活面・進路面　提出物が期限どおりに出ない。机やロッカーの整理ができず，配布されたプリント類が散乱している。

学級担任はとにかく原因がわからないため，どのように対応したらよいか見当がつかずに困り果てていました。また家庭に学校での状況を報告したところ，保護者にも原因がまったくわからない様子でした。

学級担任などが本人に注意すると，「申し訳ありません」と謝るのですが，それでもなお居眠りや忘れ物はなくならない状況でした。そして，本人がそのような状況を何とかしたいと思っているかどうかも，学級担任からは，はっきりとは読み取れない状況でした。

そこで特別支援教育に詳しい地域の大学の先生に助言をお願いしたところ，睡眠障害が疑われるということだったので，まずは医療機関を受診することになりました。しかしながら，結果は異常なしということでした。

その後，大学の先生から，さらに発達障害の疑いがあることが指摘され，本人の生育歴を聞いてみるように助言を受けました。そこで学級担任が二者面談で尋ねてみたところ，保護者もハヤトはアスペルガー障害があるのではないかと疑った時期があり，医療機関を受診したが，そのときは異常なしと言われたことを話してくれました。

本人の苦戦についての明確な原因がわからない状況が，2年生の1学期まで続きました。

(2) 校内委員会での話し合い（アセスメント）

2年生の4月に行われた「校内委員会」で，ハヤトの事例が取り上げられました。本校では各学年ごとに校内委員会を行っており，メンバーは，各学年の学級担任，副担任，特別支援教育コーディネーター，障害を専門分野とする大学の先生で構成されています。

ハヤトの学級担任からは，依然として居眠りや忘れ物の状況が続き，他者ともほとんどかかわりが見られないという状況が伝えられました。

ほかの先生方からも，これまでの生徒には見られなかったような居眠りの様子や，忘れ物の多さ，他者とかかわろうとする意識の低さなどが報告されました。また，学習活動の際に，何をしたらよいか判断できずにぼーっと立っているような状況も見られることが報告されました。

委員会に同席した大学の先生からは，やはり発達障害の可能性があることが指摘されました。そこで，学級担任から保護者と本人の了承を得たうえで，知能検査を実施し，アセスメントを行うことになりました。

(3) 検査によるアセスメント

保護者と本人の了承が得られた2年生の6月に，大学の相談室にお願いして知能検査を実施しました。

高等学校まで発達障害の診断がついていない生徒に，その疑いがあって知能検査等によるアセスメントを行う際には，本人や保護者に対する説明の仕方，心理面へ配慮することがとても重要です。今回のケースでは，本人には自分の苦戦についての認識がなく，保護者は子どもの苦戦に気づいている状況でした。そこで，保護者には，苦戦の原因を考えるために知能検査を行うことを説明し，ハヤトには，より充実した学習や学校生活を送るために，自分のもつ能力の強さや弱さを調べることを説明しました。

知能検査（WAIS-Ⅲ）の結果からは，全検査IQは高い数値でありながら，言語性IQに比べて動作性IQが低く，開きのあることがわかりました。また，言語的な能力は比較的強いが，短期記憶が弱く，特に2つ以上のことを記憶しながら遂行するような課題に対する弱さのあることがわかりました。

以上から，ハヤトの忘れ物の多さは，短期記憶の弱さによるものではないかと推測されました。また，そのような弱さから，複数の課題が同時に求められるような場面で，ぼーっと立っているような状況が生まれるのではないかと考えられました。

(4) 援助チームの基盤つくり

2年生の夏休み前に行われた，学級担任，本人，保護者（母親）との三者面談に，特別支援教育コーディネーターが同席して，知能検査等の結果を報告しました。母親は，家庭でハヤトに手伝いなどを頼むときには，一度に複数のことを頼むのではなく，1つずつ頼むとよいというようなことを経験的にわかっていたようで，それを裏づけるような知能検査の結果に納得していた様子でした。

そして，ハヤトの目標を，①居眠りをなくすこと，②提出物等の管理ができるようにすること，③他者とかかわれるようにすることとし，それに対して学校体制で取り組んでいくことを確認しました。また，検査をしてくれた大学の先生が行っているソーシャル・スキル・トレーニング（SST）教室を，一度見学してみることにしました。

(5) 援助チームでの援助

2学期に入り，特別支援教育コーディネーターは，学級担任と養護教諭の3人で，ハヤトの「援助チーム」を立ち上げました。本人のおかれた状況について整理しながら，学校として取り組むことができるハヤトへの援助案について具体的に話し合いました（援助チームシートP158）。

まず，ハヤトの生活全般を見たうえで，どのような人が周りにかかわっているかについて整理することから始めました。

学校生活では，同じクラスの生徒たち，学習場面では同じ科目を受講する生徒たち，部活動場面では部活動の上級生，下級生，同級生がいますが，これといってハヤトと仲のよい友人がいるわけではありませんでした。また部活動では，時間を守れないことや，動作が緩慢なことなどから，同じ部活の生徒の一部にからかわれるような状況がありました。

学校外で参加している塾や地域の活動等はとくになく，大学の先生が行っているSST教室を見学した結果，そこへ参加することになりました。

家族に関しては，きょうだいともほとんどかかわりがありませんでした。両親は共働きですが，ハヤトのためにできるかぎり協力したいと話をしていました。

次に，ハヤトのいいところについて，学級担任から，学校を休まないこと，教科担任からは，なかなか表出はしないが言語的な能力が高いこと，部活動顧問からは，素直で，忘れなければ忠実にその仕事をしてくれることがあげられました。

最後に，ハヤトが困っていることをピックアップしました。本人にはあまり困っているという認識はないのですが，事前の面談では，保護者から，人とのかかわりを自らとろうとはしないことや，忘れ物が多いことがあげられました。学級担任からは，これら2点に加えて，居眠りが多いことがあげられました。

以上の点を考慮して，次のような援助案を考えました。

・学習場面に，他者とかかわるようなグループ活動を積極的に取り入れていく。
・グループ活動の前に，可能であればリハーサルのような活動を行う。
・グループ活動の際にハヤトが戸惑う場面が見られたら，教員が声をかける。
・SST教室と密に連絡をとり合い，相互でできることを効果的に行う。
・メモやファイリングを徹底させることで，スケジュールや配布物の管理を促す。
・ほめるときは場面のすぐ後で，言葉にして具体的にほめる。

保護者には，学級担任と特別支援教育コーディネーターが援助シートを手渡し，支援内容についての説明を行いました。

その後，全校での共通理解も図るために，

職員会議でハヤトへの支援内容について報告を行い，学級担任，学年の教師，教科担任を中心に，学校内での支援を行っていきました。

そのような状況が3ヶ月ほど続いた後，SST教室の先生から，ハヤトの様子に関して，次のような報告がありました。
・SST教室のグループワークで，活動の流れになかなかのることができないでいる。
・本人はそのことに気づかず，気にもしない。
・表情に乏しく，表情を出す練習に苦戦している。

さらに，「このままの状態で社会に出ていくと，対人関係などで苦労することが予想される」とのお話がありました。

そこで，ハヤトへの支援をより充実させていくことを目的に，全職員を対象とした校内研修会を実施することにしました。SSTを担当している大学の先生にお願いし，ハヤトのアセスメントの結果や，SST教室での様子，将来的なことを見据えたうえでの課題，そのために現在支援するべきことについて話してもらいました。

そして，これまでの支援に加えて，表情を表出するということについても，ハヤトの課題として取り組んでいくことにしました（個別の指導計画シートP159）。

その後，居眠りやスケジュール管理の面で，少しずつ改善はみられましたが，対人関係や表情という点では，できる場面とできない場面があり，卒業まで継続して支援を行っていきました。

事例メモ

いつ援助シートを使ったか
1回目　2学期★……アセスメントの結果を受け，援助チーム会議で使用。
2回目　3学期……さらなる援助の必要性がわかってきたので，これまでの援助の見直しと，新たな援助を検討するために使用。

シートがきっかけになってわかったことや情報
・ハヤトの生活全般での苦戦内容が，細かく整理された形で把握できた。
・苦戦内容のほかに，ハヤトのいいところについても改めて見直すことができた。
・上記の両面を考慮して，詳細で具体的な支援内容を検討することができた。

援助のポイント

①保護者，学級担任，他の先生で，子どもの状況についての情報共有をまめに行う。
②障害の有無ではなく，「苦戦していること」という視点から，課題をとらえる。
③本人のいい面を見つけ，それを支援に利用する。
④専門機関などの他の援助資源を，必要に応じて活用する。

事例8

【石隈・田村式 プロフィールシート】（　　年　月　日作成）記入者　クワタ

> [2年○組○番]
> 児童生徒名：ハヤト　　　　　　　　担任名：ホンダ

1　子どもの願いや苦戦している状況

　高校1年生のときから居眠りが多く，教科担任たちから注意を受けている。テストでは平均またはそれ以上の点数をとるが，宿題などの提出物が期限どおりに出ないことが多い。注意されると申し訳なさそうな顔をしながら謝るのだが，それでも翌日にはまた提出物を忘れてしまう。また，机やロッカーなどの整理ができず，配布されたプリント類が煩雑に詰め込まれている。保護者もそのような現状について把握してはいるが，それがどのような原因によるものなのか，つかみかねている。

　サッカー部に所属しており，休まずに練習に参加してはいるが，ほかの生徒とのコミュニケーションはほとんどない。部活動の試合や課外活動など，通常と異なる場所や時間での集合になると遅刻することが多い。部活動では，ハヤトの遅刻が全体責任になることがあり，そのことでほかの生徒から責められることがある。またそのような状況から，ほかの生徒がハヤトをからかうような状況も見られる。それに対して，ハヤトは反発するでもなく，自分がおかれている状況について，どのくらい自己認識できているか，外から見たかぎりではわからない。

　クラスや学年，部活動内に親友と呼べるような友人がなく，部活動では下級生から下に見られたりすることがある。自然環境について学べるような科目が好きで，卒業後の進路は大学進学を目標にしている。

2　学級・学校の様子（学級・学校の雰囲気，担任の方針など）

　自分の長所や短所をみつめ，そのうえで自分の生き方について考えていこうとするのが，学年の目標，かつ学校全体の目標である。一人一人が固有の特徴（個性）をもった存在であることを認識し，自分と異なる個性に対してもそれを認めていくような雰囲気づくりを行っている。

3　家族（構成，子どもの問題状況のとらえ方，大切にしていることなど）

　父親（会社員），母親（会社員），ハヤト，妹（中学生），弟（中学生）。
　両親は，本人の状況，とくに人とかかわりをあまりもとうとしない点について心配しており，アスペルガー障害なのではないかと考えたこともある。

4　生育歴（発達課題の達成状況など）

　妹と弟がいるが，自分から話しかけたり，遊んだりすることはほとんどなかった。小学校のときにいじめを経験しており，中学受験を希望して，私立中学校に入学した。ハヤトが中学校のころに両親はアスペルガー障害を疑ったが，医療機関の受診はとくにしていない。

5　援助チームメンバー

　保護者，学級担任，養護教諭，コーディネーター，教育相談担当者

6　援助者の願いや苦戦

援助者	願いや苦戦
学級担任	学級でのハヤトへの対応（提出物の未提出，居眠り）に苦戦。
部活動顧問	集合時間を守れないことや，ほかの生徒との関係の構築に苦戦。
母親	対人関係の構築や忘れ物，時間を守る面で課題があることには気づいており，それらの面を改善したいと思っている。

©Ishikuma & Tamura 2013

第5章　特別支援教育におけるチーム援助の事例

田村・石隈式　【援助資源チェックシート　ネットワーク版】

記入日　　年　　月　　日

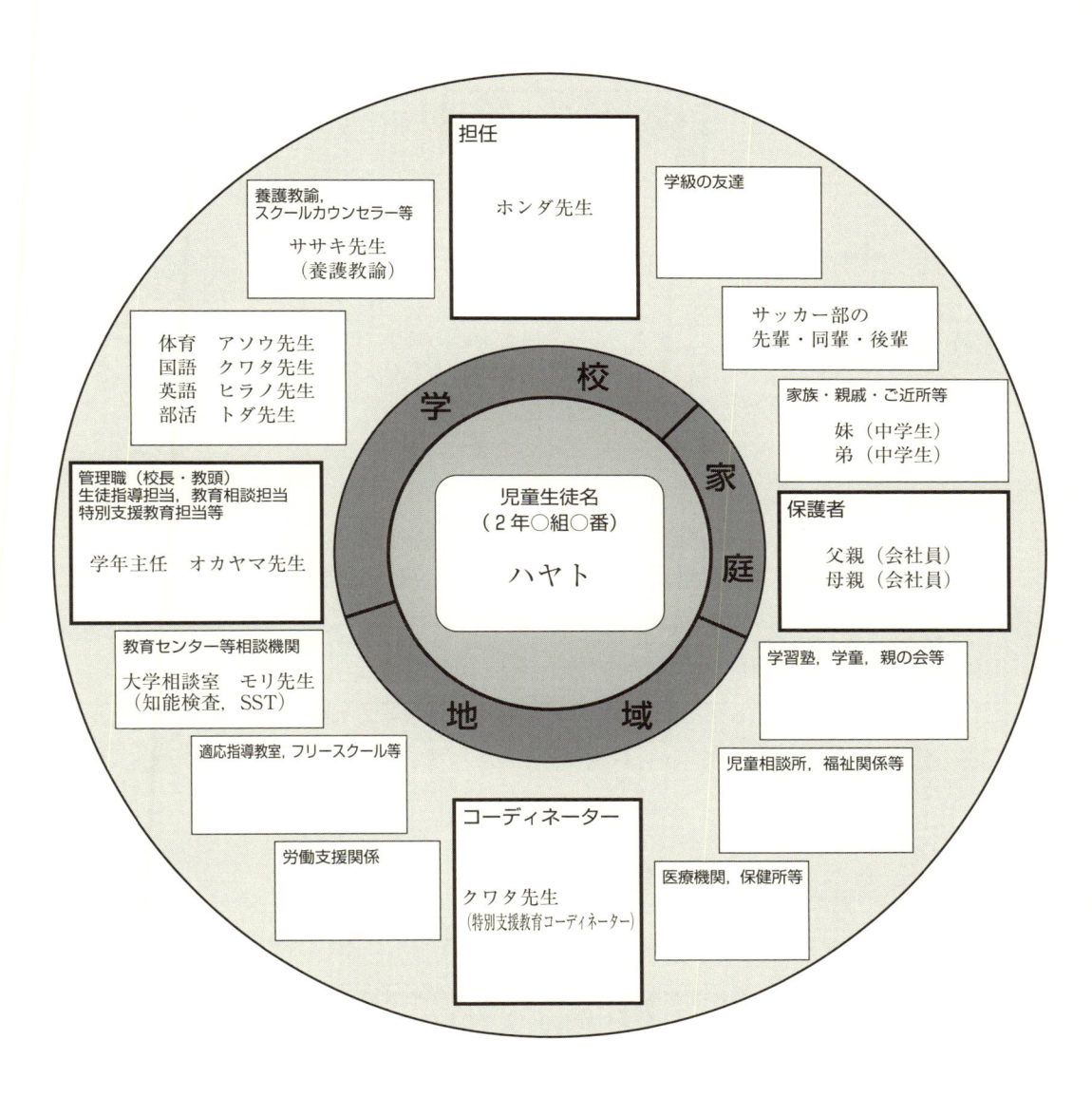

```
                    担任
                   ホンダ先生

養護教諭,                          学級の友達
スクールカウンセラー等
ササキ先生
（養護教諭）
                                    サッカー部の
                                    先輩・同輩・後輩
体育　アソウ先生
国語　クワタ先生        学校
英語　ヒラノ先生                    家族・親戚・ご近所等
部活　トダ先生                       妹（中学生）
                                    弟（中学生）
管理職（校長・教頭）   学        家
生徒指導担当, 教育相談担当           保護者
特別支援教育担当等     児童生徒名
                     （2年○組○番）   父親（会社員）
学年主任　オカヤマ先生    ハヤト     母親（会社員）

                       庭
教育センター等相談機関
大学相談室　モリ先生                 学習塾, 学童, 親の会等
（知能検査, SST）
                       地  域
適応指導教室, フリースクール等        児童相談所, 福祉関係等

                    コーディネーター
労働支援関係                          医療機関, 保健所等
                     クワタ先生
                （特別支援教育コーディネーター）
```

©Tamura & Ishikuma 1997-2013

事例8

【石隈・田村式】援助チームシート5領域版

実施日：○○年○月○日（○） 時 分～ 時 分第 回
次回予定：××年×月×日（×） 時 分～ 時 分第 回
出席者名：援助チームメンバー

苦戦していること（　　他者と活動することが苦手，提出物の管理ができない　　）

児童生徒名 2年○組○番 ハヤト 担任名 ホンダ		知的能力・学習面 （知能・学力） （学習状況） （学習スタイル）など	言語面・運動面 （言葉の理解や表現） （腕と手の運動） （上下肢の運動） など	心理・社会面 （情緒面）（人間関係） （ストレス対処スタイル） など	健康面 （健康状況） （視覚・聴覚の問題） など	生活面・進路面 （身辺自立） （得意なことや趣味） （将来の夢や計画）など
情報のまとめ	（A）いいところ 子どもの自助資源	・学習に対する姿勢がまじめ	・言葉をたくさん知っている	・学校を休まない ・言われたことを忠実に行う	・大きな病気はない	・大学進学を目標にしている
	（B）気になるところ 援助が必要なところ	・人とかかわるような学習が苦手	・話すことを伴うような活動が苦手	・他者との活動で臨機応変に対応できない ・感情が表に出にくい ・時間を守れない	・授業中などの居眠りが多い	・机の中や机の周辺の整理ができない ・提出物を忘れる
	（C）してみたこと いままで行った，あるいは，いま行っている援助とその結果				・本人に注意を促し，徐々に減りつつある	・注意したがいまのところ改善されていない
援助方針	（D）この時点での目標と援助方針	1　提出物等の自己管理を行えるようにする 2　対人関係を築く，そのために対人スキルを向上させる 3　表情を豊かにしていく				
援助案	（E）これからの援助で何を行うか	①人とかかわるような学習場面をつくる ・かかわりを積極的に促す ・かかわったらほめる ↓ かかわりを促進する	①言語を用いて説明するような場面をつくる ・書いたものをほめる ↓ ・自尊感情を促進させる	①他者との活動への準備を事前に行う ・ほめる際にボディーコンタクトや表情を豊かにする ↓ ・活動への余裕をもたせる ・表情を豊かにしていく	①居眠りに対して，毎回注意をする ↓ ・居眠りを減少させる	①受け取ったもののファイリングを徹底させる ②メモを活用させる ↓ 自己管理を身につけさせる
	（F）誰が行うか	①学級担任，教科担任	①学級担任，教科担任，部活動顧問	①学級担任，保護者，教科担任，部活動顧問，他の教員	①学級担任，教科担任，部活動顧問	①学級担任，教科担任
	（G）いつからいつまで行うか	←────────────		修正を加えつつ今年度末まで継続	────────────→	

©Ishikuma & Tamura 1997-2013

【石隈・田村式 個別の指導計画シート】

作成日　　年　月　日（　）

児童生徒名：2年○組○番　[　　ハヤト　　]
学級担任名：[　　ホンダ　　]　　通級学級担任名：[　　　　　]

───── このシートでのサポート対象に○をつけ，それについてシートを作成してください。─────

知的能力・学習面　　言語面・運動面　　心理・社会面　　健康面　　（生活面・進路面）

		1	2
GOAL	長期目標 （1年の間に伸ばしたい力）	生活面・進路面： 　他者と共同の活動に効果的に参加できる	
	短期目標 （学期で伸ばしたい力）	感情を表情に出せる	グループ学習についていける
PLAN&DO	援助で何を誰が行うか	・成功体験をたくさんさせる ①成功できるような場面を設ける。 ②ちょっとしたことでもほめる。 ③自信がつくような声かけをする。 ④何がよかったのかを言葉で説明しながらほめる。 ・感情を表情に引き出す ⑤表情豊かに伝える。 ⑥あいさつなど声かけをたくさんする。 ⑦ボディタッチをしながらほめる。 　①②③④⑤⑥⑦学級担任，教科担任，部活動顧問，他の教員，両親	・人とかかわる場面を多く設定する ①グループ学習などの機会を多く設定する。 ②事前に想定できるような場面に対して，リハーサルを行う。 ③グループに参加を促す声かけをする。 ④どのように振る舞ったらよいか，具体的に方法をアドバイスする。 ⑤ちょっとしたことでも言葉にしてほめる。 ⑥家庭や教育相談担当者と密に連絡をとる。 　①②③④⑤学級担任，教科担任 　⑥学級担任，特別支援教育コーディネーター
	いつ・どこで行うか	次の援助チーム会議まで ①②③④⑤⑥⑦授業，課外活動，家庭	次の援助チーム会議まで ①②③④⑤授業，課外活動 ⑥援助チーム会議，学級担任との面談
	学級経営・学校経営上の工夫，援助機関との連携，用いる教材など	＜知能検査の結果＞ 　言語面での強さを生かす ＜工夫＞ 　言葉で説明しながら，同時に表情を豊かに出せるようにしていく。 　ボディタッチにより身体感覚も呼び起こす。	＜知能検査の結果＞ 　短期記憶の弱さに配慮する ＜工夫＞ 　言葉で説明したうえで，リハーサルなども行う。 　一度に複数の課題や要求をしない。
SEE	評価 （うまくいったこと うまくいかなかったこと）		

©Ishikuma & Tamura 2013

いまさら聞けないこんな質問 Q&A

Q 発達障害がある子どもとはどのような子どもですか？

　発達障害がある子どもたちに，通常学級で援助が行われています。ここでは，LD，ADHD，高機能自閉症のある子どもたちの，学校生活での様子を説明します。医学的な定義は専門書を参照してください。

①LD（学習障害）

　学習での苦戦を抱える子どもです。定義としては，読む，書く，聞く，話す，計算する，推論するのうち，1つか2つ以上に著しい困難をもちます。

　LDの困難さは，学年が上がるほど，困難さが大きくなる可能性があることです。そして「自分は勉強ができないのではないか」という気持ちが強くなる傾向があります。もう1つの困難さは，「ここまではLDで，ここからはLDじゃない」という線引きがとてもむずかしいことです。学習の苦戦が，怠けなのか，家族の葛藤なのか，学習障害なのか，あるいは知的な遅れなのかというのが，周囲からもなかなか見えにくいというのがLDの子の苦戦です。しかしLDの子どもの学びやすい指導方法を工夫することによって，学力を高めることができます。

②ADHD（注意欠陥多動性障害）

　行動や感情のコントロールに苦戦を抱える子どもです。ADHDの困難さは，自分で自分の行動を止められないところです。だから，トレーニングすれば，自分の行動はちゃんとモニタリングすることができて，少しずつコントロールできるようになるということを，教えていくことが必要です。ADHDの子どもは，小さいときから落ち着きがない，悪さをする，トラブルに巻き込まれるなどの理由で，保護者，学校の先生，周りの人から叱られます。そのために「心の傷」が蓄積し，それがさらに行動の落ち着きを妨害していることもあります。しかし，ADHDの子どもについて周りの理解が十分にあるならば，ADHDの症状の大部分は，年齢とともに軽くなっていくといわれています。ある程度自分の行動をコントロールする力をつけることができたら，活動的であるという特徴がリーダーシップとして発揮される場合もあります。

③高機能自閉症

　対人関係の困難と，言語あるいはコミュニケーションの困難と，想像性の困難（いわゆるこだわりの強さ）。この3つの特色で表されるのが自閉症です。

　知的障害を伴う場合には，特別支援学校（養護学校）や特別支援学級（情緒障害児学級）で援助を受けます。知的障害を伴わない高機能自閉症の子どもたちは，通常学級のなかにいます。また，対人関係の困難さがあって，かつ，こだわりがあるけれども，言葉の発達にとくに問題がない子どものことは，アスペルガー障害（あるいはアスペルガー症候群）といわ

れます。高機能自閉症の子どもは，1人で黙々と勉強や作業に繰り返し取り組むことができるという特徴をもっています。

Q 特別支援教育のスタッフやシステムにはどのようなものがありますか？

　全国の教育委員会では，子どもの障害の有無の判断や望ましい教育的対応について専門的な意見等を各学校に提示するために，教育委員会の職員・教員・心理学の専門家・医師等から構成される「専門家チーム」を設置したり，各学校を巡回して教員等に指導内容や方法に関する指導や助言を行う「巡回相談」を実施したりしています。
　また，教育上特別な支援が必要な子どもの日常生活の介助や学習活動のサポートを行う非常勤スタッフとして，「特別支援教育支援員」が配置されています（生活指導員，学習支援員，介助員などの名称で呼ばれている場合も）。また，学生スタッフが，特別支援教育サポートとして地域の大学から派遣されている場合もあります。

Q 地域における特別支援学校の役割は？

　学校教育法の一部改正によって，盲学校・聾学校・養護学校の名称が「特別支援学校」に変更されました。特別支援学校には，それぞれの地域において，特別支援教育を推進する体制を整備していくうえでの中核的な役割を担うことが期待されています。また，通常学級に在籍する障害のある子どもの援助について，地域の小・中・高等学校を積極的に支援していくことが求められています。そこで，特別支援学校の先生方は，地域の小・中・高等学校の先生方の相談に乗ったり，校内研修会への出張講師を務めたり，各学校への情報提供や教具の貸し出しなどを行っています。また，地域の保護者からの相談に応じたり，子どもへの直接の指導を行っている場合もあります。医療・保健・福祉とのネットワークを活用して，地域をつなぐコーディネーターとしての役割も果たしています。
　ただし，子どもと地域の援助をつなぐに当たって，誰がコーディネーターを務めるべきか（適任なのか）というのは，事例によって，あるいは地域の事情によって，ケースバイケースです。子どもの障害に詳しい特別支援学校の先生が適任な場合もあるでしょうし，つなぎ役としては教育センターの先生が適任だという場合もあるでしょう。また地域によっては，非行関係のネットワークが強いところもありますし，福祉関係のネットワークが充実してい

るところもあります。特別支援学校の先生や特別支援教育の専門家が，いつも地域のコーディネーターにならなければいけないと考える必要はありません。

特別支援学校の先生方の仕事のなかで，校内で自校の子どもを援助するためのコーディネーションを行いながら，地域に対してはコンサルタント（相談役）あるいはサポーター（応援役）として協力していくことが，これからは大きな柱の1つになると思います。

Q 個別の教育支援計画，個別の指導計画とは何ですか？

「個別の教育支援計画」は，教育のみならず，福祉，医療，労働等のさまざまな領域側面と連携して作成します。子どもの乳幼児期から学校卒業後までを通じた長期的な視点で，的確な教育的支援を一貫して行うために作成します。

「個別の指導計画」は，個別の教育支援計画を踏まえて，一人一人の教育的ニーズに応じた学校での指導目標，内容，方法などをまとめた計画です。援助ニーズの大きな子どもの場合，その子どもに応じた目標や手だて，配慮事項を具体的に考えておかないと，一斉指導に無理に合わせなければならなくなったり，逆に不適切な個別指導を行ってしまう危険性を含んでいます。本書の「援助チームシート」（P27）や「個別の指導計画シート」（P33）を利用すると，子どものニーズを確認しながら具体的な計画が立てられるので，それを自治体ごとに決められた書式に転記すると便利です。

Q 学校で行う援助に，保護者の許可が必要な場合はありますか？

子どものプライバシーに深くかかわる情報は，保護者の了承なしに集めることはできません。例えば，「効果的な学習方法を模索するために知能検査を行う」「効果的な援助方法を模索するために心理検査を行う」「かかりつけ医から助言を受ける」などには，保護者の許可が必要です。

保護者の了承をとることには，「許可をとる」という側面のほかに，「信頼関係を築く」というねらいがあります。例えば，「別室で個別に教える」などの援助を学校で行おうとする場合に，子どもの特性をよく知っている保護者の意見を聞くことは，保護者の意向を尊重することにもなり，保護者から信頼を得ることにつながります。

一方「宿題の量や内容に配慮する」など，指導上の工夫で保護者の許可が必ずしも必要で

はないものもあります。しかしその場合も保護者の意見を聞きながら進めることが，適切な援助に役立ちます。

Q 検査を保護者に勧めたいのですが，気をつける点は？

　検査を保護者に勧める場合，細心の注意が必要です。援助チームの1回目の作戦会議など，状況に関しての共通理解がまだよくできていないときに，保護者に検査や障害の話をしても，まず伝わらないことが多いでしょう。むしろ不信感につながる危険もあります。

　先生方は，いろいろな子どものケースを見ているので，早い段階から「この子の場合はそうかな」とか，「検査の結果があるといいのにな」と思われるかもしれません。しかし，保護者との連携という点から考えると時期尚早です。では，どういうタイミングがいいかというと，はじめはいまもっている情報，学校の情報，保護者の情報のなかで援助案を考えてやってみて，次に検査の情報があればもっとよりよい方法を見つけられるというタイミングを見つけて，心理検査などの話題を出されるのがいちばんいいと思います。

　コミュニケーションは相手あってのことですから，そのタイミングは1ヶ月後のこともあれば，半年後のこともあります。1日も早く知能検査をしなければ，この子のことは全然わからないということはありませんから，2～3ヶ月待つなど，ちょうどお互いが納得してというのがいいと思います。

　そのときの保護者とのやりとりは，次のようなイメージになります。

　「お子さんは，いまのクラスで，読み書きに苦戦しています。授業中に席についていないこともしばしばあります。そのため，学級では，お子さんと相談して座席を前のほうにする工夫をしました。宿題も量を減らしたところ，お子さんはよくやってくれるようになって，私も喜んでいます。私は，この子はもっともっと伸びるんじゃないかと思うんです。でも，学級でできることは，いまのところ限界があるので，もう少しお子さんの知能の発達の状況や特徴がわかると，学校でできることがもう少し増えると思うんです」

　「さて，○○（検査名）という『子どもの知能の発達を測る検査』があります。60分から90分ぐらいかかる検査です。○○教育センターで行っているのですが，知能検査の情報があると，お子さんに合った勉強の仕方を見つけるのにとても助かるんですが，お母さんいかがでしょうか」

　こんなふうにタイミングを見て，いま，皆さんがもっている情報ややっていることにプラスアルファするために，と勧められると，保護者に検査の必要性が伝わると思います。

Q かかっている医療機関等からの情報を学校も知りたいのですが？

　学校が診断結果やアドバイスを得る目的は、「子どもへの援助を効果的に行い、子どもの成長と発達を促したいからである」ということを、はっきり保護者へ伝えます。間違った援助を学校がしてしまい、子どもが苦しむことは避けたいということも強調します。子どもが医療機関等で受けた診断結果やアドバイスを学校も知りたいときには、2つの方法があります。

〈これから医療機関にかかる場合〉

　保護者にお願いして、学校が作成した状況説明書を医療機関にもっていってもらいます。状況説明書や紹介状を提出すると、ほとんどの場合、医師から情報提供書がもらえます。学校が状況説明書を作成するときのポイントは3つです。（詳しくは、海保博之・田村節子著『養護教諭のコミュニケーション』少年写真新聞社、巻末資料を参照）

① A4用紙1枚にまとめる

　医師は時間がありません。分量はA4判1枚が限度です。

② 必要事項について箇条書きで書く

　読みやすさを重視して、箇条書きで次の項目について記入します。最後に、子どもを援助する際の対応について、アドバイスがほしいことを明記します。

- ・学校での苦戦の状況（経緯）
- ・当該生徒が現在困っていること
- ・周りの生徒が困っていること
- ・現在の教師の対応と困っていること

③ 保護者に確認してもらう

　記入したものを保護者に見せて内容を確認してもらい、目の前で封をして保護者に渡します。何が書かれているかわからないという保護者の不安を軽減します。保護者との信頼関係も強固になります。

〈すでに医療機関にかかっている場合〉

　まず保護者に、子どもを援助する際の学校の対応について、医師からの助言が欲しいことを申し出ます。許可が得られたら、診察に同席させてもらえるかを話してみます。了解が得られたら、医療機関に一緒に出向き、直接医師から助言をもらいます。

　同席の許可が得られず、「電話でお医者様に聞いてください」と保護者から言われた場合、それが可能かどうかを医療機関に確認します。プライバシー保護の観点から、たとえ保護者からの許可があっても外部からの問い合わせに医師が応じないことがあります。

　同席することも電話の問い合わせも許可が得られない場合には、保護者に状況説明書（上記参照）を預けて持参してもらいます。

　なお、かたくなに保護者が拒否する場合には、時期がくるまでアプローチは控えます。保

護者が診断結果を受け入れるまでには時間がかかることも多いからです。保護者の心情を察することも援助者には必要です。

Q 子どものプライバシーに関する情報は，誰に，どこまで伝えていいのでしょうか？

子どものプライバシーに関する情報は，援助チームのなかで，責任をもって管理します。さらに，チームが保有する情報について，「どこまでの範囲の人に，どこまで内容を伝えていいか」については，保護者に了承をとります。

守秘義務には，次の3つのレベルがあります。

> ① 1対1のレベル
> 「私」と「あなた（子どもや保護者）」の間でだけ話された情報です。これが守られているということが，信頼関係の基礎となります。
> ② 援助チーム（コーディネートされた援助者たち）のレベル
> 援助チームの作戦会議で得られた情報は，援助チームが責任をもって管理すべきものです。チームで共有している情報のうち，援助チーム以外にも知らせる情報と，援助チーム内で留める情報について，参加者（とくに保護者）と確認します。
> ③ 学校全体のレベル
> 教育方針（例：相談室登校を始める）や子どもの危機的状況（例：自殺未遂，虐待）にかかわる情報は，学校全体で共有し，ほかの教職員からもそれに対して協力を得る必要があります。とくに，危機介入が必要な場合には，プライバシー保護のための守秘義務より，危機介入が優先されます。

チーム援助では，「子どもについて知ること」「子どもの様子を伝えること」，そして「子どもへ誰がどのようにかかわるかを決定すること」の3つの活動を，保護者や援助者が互いに行います。情報共有の了承を保護者にとることは，守秘義務の観点から大切であるのと同時に，これら3つの活動についても保護者の合意を得ることにつながります。

Q 作戦会議後に落ち込んだ担任に，どのように声をかけたらいいでしょうか？

チーム援助の作戦会議のなかで，担任の先生がこれまでの自分を振り返って，「こういう

ところが失敗だった」などと言い出す場合があります。「犯人探しではない」「担任のせいじゃないよ」と伝えるにはどうしたらいいでしょうか。2つの方法があります。

1つは、その場で司会者がフィードバックする方法です。例えば、「担任の先生はほんとうにご自分のかかわりをよく見てらっしゃって、新しい方法や改善すべき点をいくつか出していただきました。例えばこんなのが出ましたけど、これは養護教諭の先生から見てどうですかね。お母さんから見てどうですかね」などという感じです。担任のやり方が悪かったというのではなく、よりよい方向に行くように、みんなで担任の先生が出してくれた意見を考えましょうというふうにもっていきます。

もう1つは、会議が終わってから伝える方法です。「先生がご自分でやっていらっしゃることを具体的にあげて、改善点なども言ってくださったので、とても話し合いがスムーズにいきました。ありがとうございました。でも、先生が言うように失敗だったとは私は思っていません。先生はご自分のやっていらっしゃることをよく見てらっしゃるので、改善策が出てきたんだと思います。そこがすごいなと思いました」というように話します。

Q 援助チームを継続するコツは?

子どもの状態がよくなってくると、ついつい援助をし忘れてしまったり、いつの間にか援助者同士のかかわりがなくなったりしがちです。ところが、発達障害がある子どもたちは、一見うまくいっているようでも、援助を得られなくなると、何らかのSOSが出てくるのが普通です。特別支援教育コーディネーターは、現在の子どもの状況がよいか悪いかにかかわらずに、援助者が定期的に顔を合わせて、援助が適切に行われているかどうかを確認し合えるようにすることが必要です。援助方針に沿ったかかわりがうまくいっているならそれを続け、かかわりがうまくいっていなければ方針を変えます。

定期的に援助を継続するためのコツが3つあります。

1. 必ず次回の話し合いの日時を決める
2. 援助を開始したときに、1年間の予定を決めておき、必要に応じてそこに会議を足す。例えば、1ヶ月に1回(第3水曜日等)の話し合いをあらかじめ予定しておき、立ち歩きが目立つようになったなど、心配な様子があったときには話し合いを追加する
3. 話し合いと話し合いの間、「子どもががんばっていること」「子どもの成長」あ

> るいは「援助でうまくいったところ」など小さな進歩について，援助者同士で伝え合う。もちろん「子どもの苦戦」や「援助者の苦戦」についてもタイムリーに共有する

　問題状況が起こってから援助を再開すると，止まっている車を発進させるためには大きな力がいるように，援助にもとても大きな力を必要とします。いざ援助を再開しようとしたときに，援助者のマンパワーがそろわないこともしばしばあります。

Q 2回目以降の作戦会議では，シートをどう使ったらよいですか？

①手書きの場合

　援助チームシートは，おおよそ1枚に2回分の援助過程を記入していきます。

> 1回目：新しいシートに記入する
> 2回目：1回目のシートをコピーして，新しく得られた情報を追記していく。追加した文の行頭に「②」の印をつけておくと，2回目の変化だということがわかりやすい。解決したところには，取り消し線を引く
> 3回目：新しいシートに，2回目のシートを書き写す（このとき，取り消し線が引かれた箇所と，行頭の②の印は転記しない）。そのシートを使って，2回目と同様に新しい情報を追記していく
> 4回目：3回目のシートをコピーして，2回目と同様に情報を追記していく
> 5回目以降，上記の手続きを繰り返す

　すべてのシートをファイルに綴っておくと，子どもの変化や援助過程が一目でわかります。記入欄が小さいと感じる場合には，シートをB4判やA3判に拡大して会議で使用し，綴じるときにA4判に縮小コピーすると保存しやすいでしょう。

②ソフトを使用する場合

　＊援助シート入力支援ソフトは，『新版チーム援助入門』(図書文化)の付録です。

　『チーム援助入門』をお持ちの方は，付録のソフトを援助チームシートの記入に利用できます。ソフトに収録されているシートは3種類で，援助チームシートの4領域版と5領域版，援助資源チェックシートです（援助資源チェックシート・ネットワーク版には対応していません）。記入に慣れてきたら，ノートパソコン等を会議に持ち込んで，その場で入力していくことも可能です。

> 1回目：新しいファイルを呼び出し，入力補助機能を使って空欄を埋めていき，ファイル名をつけて保存する。ファイル名の末尾ないしは頭に，話し合いを行った日付を「120710」などと記入しておくと，時系列に並んで便利
>
> 2回目：前回作成したファイルをコピーし，別名で保存する。そのファイルに，2回目の作戦会議で得られた情報を追記していく。この際も，追加する文の行頭に「②」の印をつけておくとわかりやすい。解決したところは削除する
>
> 3回目以降，2回目と同じ手順を繰り返す

なお，保存の際には暗号（ロック）をかけられますのでご活用ください。

Q 援助シートは，コピーして使用できますか？

　本書に掲載した「援助チームシート・5領域版」「援助資源チェックシート・ネットワーク版」「プロフィールシート」「個別の指導計画シート」は，子どもへの援助を目的に，援助チームの中で利用する限りにおいて，読者がコピーして使用することができます。また，図書文化HP内にある本書のサポートページから，シートをダウンロードすることができます（URL：http://www.toshobunka.co.jp/books/team.php，パスワード：smile）。許可された範囲を超えて使用する場合や，冊子等への転載を希望する場合には，発行元の出版社を通じて許諾を得てください。

　なお，シートの作成・保管に際しては，関係者の個人情報やプライバシーが守られるように十分に注意をしてください。

ついやっていませんか？ 会議でのNGリスト —— 保護者とのよりよい作戦会議のために

セリフ編

NG しばらく様子を見ましょう
→（具体的な期限を決める）
　いついつまで，この方法を続けてみましょう

NG 1人だけ特別扱いはできません
→（肯定的な表現に）
　○○さんにとっても，ほかの子どもたちにとっても，いい方法を考えていきましょう

NG ご家庭での様子はわかりませんが……
→（肯定的な表現に）
　ご家庭でのお子さんの様子を教えていただけますか？　学校でのお子さんの様子と合わせて考えたいと思います

NG 愛情をかけてあげてください
→（具体的な行動にふれる）
　お子さんが，お母さんと一緒にゲームをして，楽しかったと言っていました

NG ほかの保護者から苦情が出ています
→ほかのお子さんたちも，○○さんのその行動は気になっているようです

NG やる気が見られません
→（具体的な場面を伝える）
　算数の時間に意欲がないように見えて心配しています

NG 学習が遅れています
→（遅れている点を具体的に伝える）
　算数の〜がわからなくなっているようです

NG 友達に乱暴をします
→（具体的な出来事を伝える）
　友達とけんかしたときに，思わずたたいてしまいました

NG ルールが守れません
→（具体的な出来事を伝える）
　最近，時間が守れなくなっていて心配です

NG うそをつきます
→（具体的な出来事を伝える）
　先日，花瓶を割ってしまったのですが，自分ではないと言いました。私は見ていたのですが，このように言い張るのは，何か理由があるのだろうと思って，心配しています

行動編

NG 会議の途中で黙って退席する
→あらかじめ，いつごろに退席するかを予告しておきましょう。あるいは，一言あいさつして退席します

NG 会議に遅刻する
→緊急な用件でどうしても遅れてしまった場合は，一礼してから静かに席に着きます。遅刻は誰に対しても失礼なので，時間に余裕をもって行動しましょう

NG 会議中にうとうと寝てしまう
→疲れているのはよくわかります。でも，うとうとするのは失礼ですし，会議の雰囲気も低調になります。隣の先生がうとうとしていたら，軽く腕をトントンとたたいて起こしてあげましょう

NG 腹を立てて席を立つ
→話し合われている内容にむっときた場合は，何に腹を立てているのかを，落ち着いて言葉で伝えましょう（例：その内容は，私には厳しく聞こえるのですが，もう少し説明してもらえますか）

NG 次回打ち合わせの設定をしない
→次回が決まっていないと，いつの間にかチームが自然消滅してしまうことがあります。必ず次回の日時を設定しておきます

NG ため息をつく
→何気ないため息は，出席者に次のような無言のメッセージを確実に伝えます。
「早く会議終わればいいのに……ハァ」
「なんだ，ちっとも子どもは変わっていない……ハァ」
「親はいったい何やってんだ………ハァ」
無意識に出てしまうので，気をつけましょう

NG メモをとるのに一生懸命になる
→学外の関係者（保護者，医師，福祉関係者など）が参加している場合は，許可を得てからメモをとります。メモは要点のみでほどほどに。メモをとることに夢中になってしまうと相手の顔を見なくなり，話し合い中の相手の表情の変化などから得られる情報が少なくなります。

その言葉，伝わってますか？

学担（がくたん）
→学級担任の先生

副担（ふくたん）
→担任の先生を補佐する先生

コーディネーター
→援助を効果的に行うためのつなぎ役

教育相談
→子どもの学校生活での苦戦に関する相談

特別支援教育
→特別な支援を必要としている子どもに対して行う教育や援助

通級
→授業についていくのがむずかしい科目だけ，校内外の通級指導教室に通うこと

取り出し指導
→教室外でその子だけに行う個別指導

特学（とくがく）
→特別支援学級あるいは特別支援学校の略称

校内委員会，ケース会議
→子どもへの援助を検討する校務分掌上の会議

専門家チーム
→学校と一緒になって援助を行う発達障害に詳しい専門家のチーム

巡回相談員
→地域の学校を巡回しながら，子どもの指導や援助の相談にのってくれる人

特別支援教育支援員
→子どもの日常生活や学習のサポートを個別に行う。介助員，学習支援員などとも呼ばれる。

個別の指導計画
→一人一人の子どもの実態に合わせて，学校の教育課程を遂行するために立てられた指導の計画

個別の教育支援計画
→就学前から卒業後までの子どもの成長を，教育・福祉・医療・労働などの観点から，長い目で見守るための援助の計画

アセスメント
→具体的な指導・援助を考えるのに必要な情報を収集したり，それをまとめたりすること

コンサルテーション
→問題解決のために，異なる立場の人たちが集まって話し合いをすること

カウンセリング
→誰もが出合う人生の問題の解決を試みるための面接

心理検査
→さまざまな心理的側面を測る検査。知能・性格や行動の傾向，職業適性などの種類がある。

知能検査
→知的な発達の程度や特徴について測る検査。代表的な児童用の個別検査に，WISC-Ⅳ，KABC-Ⅱなど，成人用の個別検査にWAIS-Ⅲなどがある。

自己肯定感
→「自分はこれでいいんだ」という実感

二次障害
→その子がもっている困難さから，次に派生してくる新たな困難のこと

発達障害
→発達に困難さを抱える子どもたち

おわりに

　本書を終えるに当たり，先生方や援助者の皆様に，自戒を込めてお伝えしたいことが3つあります。それは，「わかるということ」「プロは基本にいつも立ち返ること」そして「自分を大切にすること」です。

「わかる」ということ

　今回，この本では特別支援教育に焦点を当てたチーム援助についてお伝えしてきました。チーム援助とは，人と人とのつながりです。そして，人には願いや思いがあります。ときとして願いや思いは相手とズレていきます。思いがズレたときには，かけ違ったボタンのように援助案がピタッときません。これではせっかく話し合っても時間の無駄になってしまいます。「学校はわかってくれない」「親御さんがわかってくれない」などと保護者や先生方がつぶやかれることがあります。

　「わかってくれない」という言葉は，大変重い言葉です。子どもは学校での困難さを「わかってくれない」と感じたとき，心を閉ざします。保護者は学校での子どもの困難さを「わかってくれない」と感じたとき，落胆し相手に怒りの感情を抱くこともあります。先生方も学校で行っている援助の真意を保護者が「わかってくれない」と，失望することがあります。

　私たちはみな，わかってほしいと思っています。しかし，その人の身になって「わかる」ということはなかなかむずかしいことだと思います。どのような相手に対しても，まずは相手を肯定的に見る姿勢が私たち援助者に求められています。

　カウンセリングの効果として，「わかってもらった」と話し手が実感したときに，人は回復への意欲が高まることがわかっています。聞き手が「わかったつもり」では，効果がありません。あくまでも話し手側が「わかってもらった」と実感する必要があります。しかし，実感しているかどうかは相手の気持ちですから，聞き手は推し量ることしかできません。そこで「聴く」というカウンセリングの基本技法が大変重要になります。

プロは基本にいつも立ち返る

　いつも基本に立ち返ることが私たちプロとしての援助者に求められています。幾度となく意識してきた下記の技法ですが，慣れてくるとついおざなりになりがちです。

　　受容……うなずき。「うんうん」「なるほど」など非審判的な態度。

繰り返し……相手が言ったことを繰り返す。心の鏡となる。

明確化……相手が言いたいが意識していないことを言語化する。

質問……関心をもっていることを相手に伝えることができ，情報も収集できる。

子どもが閉ざした心のドアを再び開けるのは，そう容易なことではありません。子どもはこれ以上傷つきたくなくて，うんと構えてしまうからです。子どもの心のドアの鍵は，保護者や教師も持っています。しかし，心を閉ざした子どもは保護者や教師へも心を開くことが容易ではありません。また，保護者と教師の間に摩擦が起こることだってあります。

この本でお伝えしたさまざまな工夫は，これらのカウンセリングの技法が根底にあって生きてくることを自戒を込めて再認識したいと思います。

自分を大切にする

私たち援助者は自分のことを二の次にしがちです。もともと「人を助けたい」という気持ちが強い人が援助者になるわけですから，自己犠牲的精神や奉仕の精神が強い人が多いのだと思います。したがって，容易に紺屋の白袴になってしまい，自分のことを大切にすることをないがしろにしてしまいがちです。

偉そうに言っている私も先日人間ドックで初めて引っかかってしまいました。人間の体というのは意外に丈夫で，不規則な生活に順応し，いつの間にかそちらが日常になっていきます。そこに落とし穴があることを身をもって体験しました。

どうぞ皆様も，時間を構造化し，休息をとったり趣味の時間をもったりしてください。

皆様の援助を待っている子どもたちや保護者の方々のためにも……。
　　そして，皆様を必要としている大切なご家族や友人のためにも……。
　　　　そして……，一度しかない自分の人生をうんと楽しむためにも……。

最後になりましたが，この本は協力者の先生方，図書文化の渡辺佐恵さんほか，たくさんの皆様のお力をお借りして完成しました。心から感謝しております。

この本を手に取ってくださった皆様のお役に立てますことを，心から祈っています。

また，いつの日かお目にかかれますように……。

　　　　　　　　　　　　　　　　　　　　　　　　　　　　　　　　田村節子

【引用参考文献】

- 学校心理士資格認定委員会『学校心理学ガイドブック』風間書房，2012
- 平木典子「日本学校心理学会第17回研修会講演」，2005
- 家近早苗・石隈利紀「中学校における援助サービスのコーディネーション委員会に関する研究——A中学校の実践を通して」教育心理学研究51，2003
- 家近早苗・石隈利紀「学校の問題に対する教師の当事者意識に関する研究」教育相談研究45・46，2008
- 石隈利紀『学校心理学——教師・スクールカウンセラー・保護者のチームによる心理教育的援助サービス』誠信書房，1999
- 石隈利紀・田村節子『石隈・田村式援助シートによるチーム援助入門』図書文化，2003
- 神奈川県教育委員会教育局子ども教育支援課「神奈川県平成18年度学校教育指導の重点」，2006
- 桂聖『国語授業のユニバーサルデザイン——全員が楽しく「わかる・できる」国語授業づくり』東洋館出版社，2011
- 宮本信也「巻頭言：発達障害とは」LD研究18，2009
- 文部科学省「学習障害児に対する指導について（報告）」，1999
- 文部科学省「通常の学級に在籍する発達障害の可能性のある特別な教育的支援を必要とする児童生徒に関する調査研究について」，2012
- Scotland ACT, The Education（Additional Support for Learning），2004
- 瀬戸美奈子・石隈利紀「高校におけるチーム援助に関するコーディネーション行動とその基盤となる能力および権限の研究——スクールカウンセラー配置校を対象として」教育心理学研究50，2002
- 瀬戸美奈子・石隈利紀「中学校におけるチーム援助に関するコーディネーション行動とその基盤となる能力および権限の研究——スクールカウンセラー配置校を対象として」，教育心理学研究51，2003
- 田村節子・石隈利紀「教師・保護者・スクールカウンセラーによるコア援助チームの形成と展開——援助者としての保護者に焦点をあてて」教育心理学研究51，2003
- 田村節子『保護者をパートナーとする援助チームの質的分析』風間書房，2009
- 上野一彦「我が国における特別支援教育の将来——今後の課題と日本LD学会」LD研究19，2010
- 山口豊一・石隈利紀「中学校におけるマネジメント委員会に関する研究——マネジメント委員会機能尺度（中学校版）の作成」日本学校心理士会年報2，2010

■著者紹介 （2013年時点）

田村節子（たむら・せつこ）　第2章，第3章，第4章，コラム3，おわりに
東京成徳大学応用心理学部・同大学院心理学研究科教授。学校心理士スーパーバイザー・臨床心理士。筑波大学大学院教育研究科修了。筑波大学などの非常勤講師，明治学院大学准教授を経て現職。新潟県生まれ。学校心理学に基づいた教師・保護者・スクールカウンセラーらとのチーム援助を提唱。その過程で援助シートを開発。おもな著書：『石隈・田村式援助シートによるチーム援助入門』（図書文化，共著），『保護者をパートナーとする援助チームの質的分析』（風間書房），『親と子が幸せになる「XとYの法則」』（ほんの森出版），『子どもにクソババァと言われたら』（教育出版，共著），『養護教諭のコミュニケーション』（少年写真新聞社，共著）など。

石隈利紀（いしくま・としのり）　はじめに，第1章，コラム1・2
筑波大学人間系心理学域教授。筑波大学附属学校教育局次長。学校心理士スーパーバイザー・特別支援教育士スーパーバイザー。アラバマ大学大学院博士課程行動科学研究科修了。Ph.D.（学校心理学）。カリフォルニア州の小学校のスクールサイコロジスト（インターン），筑波大学学生相談室カウンセラーなどを経て現職。山口県生まれ。子どもの「学校生活の質」を高める援助の実践モデルとして「日本の学校心理学」の発展に尽くす。「みんなが資源　みんなで支援」がモットー。おもな著書：『学校心理学』（誠信書房），『石隈・田村式援助シートによるチーム援助入門』（図書文化，共著），『寅さんとハマちゃんに学ぶ助け方・助けられ方の心理学』（誠信書房），『学校への効果的な援助をめざして』（ナカニシヤ出版，監修）など。

■協力者一覧（50音順）

<シート記入例>

今西一仁	永尾哲也	
大野美佐子	滑川恵理子	
小川康代	初谷和行	
忍田とし子	東原史恵	
小野藤子	藤井茂子	
菅野和恵	室城隆之	
齋藤　享	山崎優子	
相楽直子	和田美晴	
清水正江		

<5章事例>

奥津明子
鴨志田和子
篠﨑伸男
築島郁哉
初谷和行
原美江
三浦文隆
吉本恭子

石隈・田村式援助シートによる
実践チーム援助──特別支援教育編──

2013年 3月10日　初版第1刷発行　［検印省略］
2018年 8月20日　初版第2刷発行

著者　　　Ⓒ 田村節子・石隈利紀
発行人　　福富泉
発行所　　株式会社 図書文化社
　　　　　〒112-0012　東京都文京区大塚1-4-15
　　　　　Tel.03-3943-2511　Fax.03-3943-2519
　　　　　振替　00160-7-67697
　　　　　http://www.toshobunka.co.jp/
カバーデザイン　本永惠子デザイン室
本文イラスト　　松永えりか（フェニックス）
DTP　　　　　　株式会社 Sun Fuerza
印刷製本　　　　株式会社 厚徳社

乱丁・落丁本の場合はお取り替えいたします。
定価はカバーに表示してあります。

ISBN 978-4-8100-2618-4　C3037

シリーズ 教室で行う特別支援教育

個に応じた支援が必要な子どもたちの成長をたすけ，学校生活を楽しくする方法。
しかも，周りの子どもたちの学校生活も豊かになる方法。
シリーズ「**教室で行う特別支援教育**」は，そんな特別支援教育を提案していきます。

ここがポイント学級担任の特別支援教育

通常学級での特別支援教育では，個別指導と一斉指導の両立が難しい。担任にできる学級経営の工夫と，学校体制の充実について述べる。

河村茂雄 編著
B5判　本体2,200円

応用行動分析で特別支援教育が変わる

子どもの問題行動を減らすにはどうしたらよいか。一人一人の実態から具体的対応策をみつけるための方程式。学校現場に最適な支援の枠組み。

山本淳一・池田聡子 著
B5判　本体2,400円

教室でできる特別支援教育のアイデア 〔小学校編〕〔小学校編Part2〕

通常学級の中でできるLD, ADHD, 高機能自閉症などをもつ子どもへの支援。知りたい情報がすぐ手に取れ，イラストで支援の方法が一目で分かる。

月森久江 編集
B5判　本体各2,400円

教室でできる特別支援教育のアイデア 〔中学校編〕〔中学校・高等学校編〕

中学校編では，授業でできる指導の工夫を教科別に収録。中学校・高等学校編では，より大人に近づいた生徒のために，就職や進学に役立つ支援を充実させました。

月森久江 編集
B5判　本体各2,600円

通級指導教室と特別支援教室の指導のアイデア 〔小学校編〕

子どものつまずきに応じた学習指導と自立活動のアイデア。アセスメントと指導がセットだから，子どものどこを見て，何をすればよいか分かりやすい。

月森久江 編著
B5判　本体2,400円

遊び活用型読み書き支援プログラム

ひらがな，漢字，説明文や物語文の読解まで，読み書きの基礎を網羅。楽しく集団で学習できる45の指導案。100枚以上の教材と学習支援ソフトがダウンロード可能。

小池敏英・雲井未歓 編著
B5判　本体2,800円

人気の「ビジョントレーニング」関連書

学習や運動に困難を抱える子の個別指導に
学ぶことが大好きになるビジョントレーニング
北出勝也 著
Part 1　B5判　本体2,400円
Part 2　B5判　本体2,400円

クラスみんなで行うためのノウハウと実践例
クラスで楽しくビジョントレーニング
北出勝也 編著　B5判　本体2,200円

K-ABCによる認知処理様式を生かした指導方略

長所活用型指導で子どもが変わる
藤田和弘 ほか編著
正編　特別支援学級・特別支援学校用　B5判　本体2,500円
Part 2　小学校 個別指導用　B5判　本体2,200円
Part 3　小学校中学年以上・中学校用　B5判　本体2,400円
Part 4　幼稚園・保育園・こども園用　B5判　本体2,400円
Part 5　思春期・青年期用　B5判　本体2,800円

〒112-0012 東京都文京区大塚1-4-15　**図書文化**　TEL. 03-3943-2511　FAX. 03-3943-2519
http://www.toshobunka.co.jp/　ブックライナーで注文可　0120-39-8899

※本体価格には別途消費税がかかります